Konnakkol Manual

Konnakkol Manual:

AN ADVANCED COURSE IN SOLKAṬṬU

David P. Nelson

WESLEYAN UNIVERSITY PRESS Middletown, Connecticut

Konnakkol Manual
Wesleyan University Press
Middletown CT 06459
www.wesleyan.edu/wespress

Manufactured in the United States of America
Designed by Vicki Kuskowski
Typeset in Times New Roman by Passumpsic Publishing

Library of Congress Cataloging-in-Publication Data
available upon request

Paperback ISBN: 978-0-8195-7878-5
Ebook ISBN: 978-0-8195-7879-2
5 4 3 2 1

For Christian Scheuber

CONTENTS

PREFACE ix

ACKNOWLEDGMENTS xi

PART 1 TEXT AND CONTEXT 1

1 · Strategy and Structure 3
The Purpose of This Book 3
Strategies for Learning This Material 4
The Structure of This Book 7
Pronunciation 7
Glossary 8

2 · What Is This Thing Called Tāḷa? 9
Nāṭyaśastra 9
Suladi Sapta Tāḷas 10
The Thirty-Five-Tāḷa Scheme 10
The "Capu" Tāḷas 11
Rūpaka Tāḷa as a Special Case 12
Tāḷas from Tiruppugaẕ, Sixteenth-Century Songs by Arunagirinadar 12
The Big Four Tāḷas 12
Glossary 13

3 · Notation Conventions and Some Fundamental Concepts 14
Notation 14
Sarvalaghu and Kaṇakku: Two Fundamental Concepts 15
Glossary 18

4 · Three Generations, Three Directions 19
The Palani Composition Revisited 20
Solkaṭṭu Manual Kōrvai from Chapter 8 24
A Kōrvai in Three Naḍais 28

5 · Exercises in Tiśra Naḍai and Khaṇḍa Naḍai 30
Preparation for Advanced Material 30

Tiśra Naḍai 31
Khaṇḍa Naḍai 35

6 · Misra Capu Tāḷa 42
Opening Section 43
Variations on the First Mōrā 45
Second Mōrā Series 47
Kōrvai from *Solkaṭṭu Manual* Chapter 8, Adapted for Miśra Capu 52
A Bridge Kōrvai to Tiśra Naḍai 54
Tiśra Naḍai Section 57
A Tiśra Naḍai Kōrvai 57
Tiśra Koraippu 58
Ending Section 62
Ending Kōrvai 66

7 · Miśra Jāti Jhampa Tāḷa 69
Opening Mōrā 69
Palani Composition for Khaṇḍa, T. Ranganathan Version 72
A Kōrvai in Three Nāḍais 74
Tiśra Naḍai Setup and Kōrvai 79
Sankīrṇa Koraippu 83
Ending Section 88

8 · Khaṇḍa Jāti Tripuṭa Tāḷa 91
Opening Composition 91
Palani Composition 94
Catusra Mōrās in Shifting Naḍais 96
Catusra Koraippu 100
Ending Section 106

PART 2 Videos of the Three Tani Āvartanams 111

The Performers 112
Videos can be found at
https://www.wesleyan.edu/wespress/konnakkol/.

PART 3 Notation 113

Key to the Notation 113
Notation 115

BIBLIOGRAPHY 167

PREFACE

My first book, *Solkaṭṭu Manual*, was published in 2008. Neither I nor the wonderful team at Wesleyan University Press had any idea whether it might find an audience at all, or if it did, who might make up such an audience. We have all been pleasantly surprised to find that yes, it did find an audience, large enough to require a second printing. It is still available as of this writing.

I knew the material was solid since I had developed it in my *solkaṭṭu* classes at Wesleyan University. I had observed firsthand the enthusiasm and engagement of my students, very few of whom were percussionists, and even fewer of whom continued into the study of *mṛdaṅgam*. What I had not imagined was that this material, and my approach to it, would have an international reach. So I was pleasantly surprised when, a year or two after *Solkaṭṭu Manual's* publication, I received an e-mail from a German jazz drummer named Christian Scheuber. Christian had enjoyed working with the book and wanted to know whether I had more advanced material, and whether it was possible to work together over Skype. Chris and I began a fruitful working relationship that culminated in my composing a duet piece for mṛdaṅgam and drum set in miśra capu tāḷa, the seven-beat cycle featured in chapter 6, "Miśra Capu Tāḷa," of this book. We recorded the piece, which was later released on the CD *Shapes of Four*, a suite composed by the pianist Regina Litvinova for her quartet. I traveled to Ludwigshafen, Germany, in 2014 to perform in the world premiere of *Shapes of Four*, and Chris and I have been fast friends ever since. He has done a full German translation of *Solkaṭṭu Manual*, which has yet to be published.

In 2014 I got another unexpected e-mail, this time from Poorya Pakshir in Iran. Poorya is an expert performer and teacher on the *tombak*, one of Iran's principal percussion instruments. After we had exchanged a few messages, he asked for permission to translate *Solkaṭṭu Manual* into the Persian language. His translation work coincided with our revisions ahead of the second English printing, and he found errors in the original version that nobody else, myself included, had noticed. His Persian translation has since been published in Iran. Poorya entered Wesleyan's graduate program in music in September 2016, where he earned his MA and is about to begin his doctoral studies.

The questions these two students from widely divergent cultural and musical backgrounds asked, and the questions I have been asked by many other musicians within the Wesleyan community and beyond, gave me faith that a second book, made up of more advanced material, might be worth writing. I wanted to present material that unlocked some of the apparent mysteries in the Karṇāṭak rhythmic system so that these and other musicians could participate in the development of their own new material.

With that purpose in mind, I present here exercises and compositions, many of which are based on those found in *Solkaṭṭu Manual*, that demonstrate the modes of transformation Karṇāṭak musicians use in their rhythmic creations. I also describe some of the techniques I use in teaching and learning this challenging music. The book includes descriptions of all of its contents, as well as notation and more than one hundred fifty video examples of individual exercises, compositions, and full konnakkol performances.

What exactly is konnakkol? The word is from the Tamil language, as is solkaṭṭu, but unlike the latter, which can be translated into English as "words or syllables (*sol*, or *sollu*) bound together (*kaṭṭu*)," konnakkol does not have an agreed-on English equivalent. I use it here to mean solkaṭṭu intended for performance. Within the book, then, I consider the exercises in chapter 5, "Exercises in Tiśra Naḍai and Khaṇḍa Naḍai," as solkaṭṭu, while the *tani āvartanams* detailed in chapters 6, 7, and 8 are konnakkol, since they are designed for performance.

I invite the reader to enjoy working through this material, either as self-study or as a group endeavor, and to enjoy the voyage into a new world of rhythmic behavior. Remember that your imagination is limitless, constrained only by your effort and interest.

ACKNOWLEDGMENTS

Following the time-honored tradition of Indian music, I am honored to begin by thanking my principal teacher, T. Ranganathan (1925–1987), for his lavish generosity in, as he put it, "showing me the inside of the patterns." My collection of lesson recordings from 1983 is a treasure house I will never exhaust. I also bow to the memory of his brother, T. Viswanathan (1927–2002), who was my most important musical mentor after Ranga died.

I am deeply grateful to Wesleyan University for supporting the study and performance of Karṇāṭak music for more than fifty years. The university, and particularly the Music Department, have been unflagging and unparalleled patrons of South India's performing arts in North America. I am proud to be a graduate of the ethnomusicology program, and equally proud to be a member of its faculty.

I thank Suzanna Tamminen and Stephanie Elliott-Prieto at Wesleyan University Press for taking a chance on *Solkaṭṭu Manual*, and for their enthusiasm for and support of this project.

Members of Wesleyan's information technology services have provided invaluable support through both projects. My thanks to Allynn Wilkinson, Mariah Kleneski, John Wareham, Ben Travers, and Melissa Roche.

I thank the students and colleagues who have read this manuscript and commented, each in his own way. Fugan Dineen, Gene Lai, Poorya Pakshir, and Christian Scheuber provided invaluable comments and suggestions along the way.

My thanks and admiration go to the performers on the videos featured in part II, "Videos of the Three Tani Āvartanams." Gene Lai, Poorya Pakshir, Ben Klausner, Bram Wollowitz, Brian Fairley, Tano Brock, and Tomasz Arnold learned the material so thoroughly that they performed it for the videos without any written notes. I admire their commitment and energy.

Shima Etminan, one of Poorya's colleagues featured in the video from Iran, created the stunningly beautiful cover art for this book. I am honored by and grateful for her contribution.

Finally, my love and thanks to Kim, for thirty-three years of nonstop emotional, physical, and mental support. I treasure you always.

A sad footnote: As I worked through the editing process of this book, I became increasingly impressed by the copy editor who had been assigned to it, Elizabeth Forsaith. I honestly marveled at Elizabeth's ability to follow my logic, on a subject about which she could not have had any substantial knowledge. Her attention to detail was admirable, and I deeply appreciated having her as a colleague on this project. I had intended to write her a letter at the end of the process to tell her all this, and to thank her for making it all so smooth for me. So I was shocked and saddened to hear of Elizabeth's sudden and unexpected (albeit peaceful) death before she had a chance to complete her work. I join her friend and colleague Ann Brash, who has taken over for Elizabeth, as well as her other friends and family, in mourning her loss. We will miss her care and intelligence.

1 TEXT AND CONTEXT

1 · STRATEGY AND STRUCTURE

The material, processes, and notation conventions in this book are based on those found in *Solkaṭṭu Manual*. Your understanding of the previous volume will contribute greatly to your success with the material I present here. This book is designed for people interested in the inner workings of the Karṇāṭak rhythm system. It is grounded in more than fifteen years of experience teaching students in an American university. The great majority of these students are not hoping to become professional musicians in the South Indian tradition. Rather, they have become interested in the rhythmic forms and processes that Karṇāṭak drummers use and want to know how they can generate material that makes use of these methods in their own compositions and instrumental performances.

THE PURPOSE OF THIS BOOK

As a professional *mṛdaṅgam* player thoroughly trained in the Palani style, I am committed to passing along the material and modes of thought for which this style is justifiably revered among Karṇāṭak musicians. I do not feel it is necessary or appropriate to present material here specifically designed to prepare a student for life as a professional mṛdaṅgam player. Any student who wants that type of training is welcome in my studio, which is a much more appropriate venue and context than a book that provides solkaṭṭu and not instruction in playing the instrument.

If this book were designed to present the next canonical stages of Karṇāṭak rhythm studies, a reader might expect to see lessons in the following three *tāḷas*: *rūpaka*, *miśra capu*, and *khaṇḍa capu*.[1] But given the context in which I teach, I have chosen to present material here that expresses the spirit of the canon, rather than the letter of its detail. The exception is miśra capu, a very important tāḷa in Karṇāṭak music. I include two other tāḷas here, the ten-beat *miśra jāti jhampa*[2] tāḷa (7 + 1 + 2) and the nine-beat *khaṇḍa jāti tripuṭa*[3] (5 + 2 + 2). Nine, as the reader will discover, is not considered an extension of the three-beat rūpaka tāḷa, which would be the canonical choice. Nine is considered a separate *jāti*,[4] or rhythmic kinship group. Ten, on the other hand, is firmly in the world of five-ness; all the material I have included for this tāḷa will translate easily into khaṇḍa capu tāḷa if

1. For descriptions and definitions of these and other terms in this paragraph, see chapter 2, "What Is This Thing Called Tāḷa?"
2. See chapter 2.
3. See chapter 2.
4. See chapter 2.

the reader wishes to adapt it. I also present exercises here designed to help students develop control and proficiency (even comfort, to the most dedicated) in *naḍais* other than the default, catusra (four pulses per beat). These are logical extensions of the material in the first five chapters of *Solkaṭṭu Manual*. Throughout the text are symbols in the form (00-000V) that indicate video demonstrations of notated patterns and compositions. The two-digit prefix indicates the chapter number. The videos can be found at https://www.wesleyan.edu/wespress/konnakkol/.

All this material has one common feature: I developed everything here in response to student requests. The naḍai studies in chapter 5 came out of the question, "How can I get comfortable in five per beat?" from a jazz keyboard player. Students who attended a Navaratri concert were curious about miśra capu tāḷa. At the beginning of each school year, I ask my percussion class what tāḷa they are interested in studying. "How about a nine-beat cycle?" was one suggestion. "Let's do five" was another. Such questions and suggestions give rise to the rhythmic contemplation that generates whatever I teach. Over the years, I have found the tāḷas included here to be rich fields for such inquiry, and so I share them. I also demonstrate methods of transformation that explore the flexibility of form at the heart of Karṇāṭak rhythmic material. I have directed most of this effort to material found within *Solkaṭṭu Manual*, showing how to adapt it to fit other tāḷa contexts.

An uninitiated reader or listener might think that Karṇāṭak musicians are using "old" material. It is true that Indian musicians of any nationality have a deeply respectful attitude toward their progenitors. Our reverence to our teachers, combined with the prevalence in the repertoire of songs with devotional texts, composed by musicians who are considered saints, gives some support to such a view. Our teachers are our heroes. But this respect for tradition does not amount to slavish devotion. Once one has internalized the core lessons and principles of one's teacher, there is nothing external about it. One's own mind takes over, and the tradition continues within each person. Older compositions and processes give rise to new ones based on them. Chapter 4 gives accounts of three compositions handed down by Palani Subramania Pillai to T. Ranganathan, and then to me. The chapter details the evolution of new forms from these original pieces as they passed through Ranga's mind and then mine.

STRATEGIES FOR LEARNING THIS MATERIAL

The following paragraphs describe helpful methods for efficient learning and well-synchronized ensemble work. Each is the product of hard-won insights of my own or good advice from other musicians. Their value is by no means limited to the present volume; they will help you in any music you choose to pursue.

Learn the Phrases First

My approach to the material here may be called *phrase-based*, as opposed to *tāḷa-based*. I write patterns according to the shapes of their phrases without immediate reference to a tāḷa, or even to a beat. The phrases reveal the design of a pattern: long to short, short to long, expanding, contracting, or whatever the creator of the design had in mind. Most patterns and designs may be performed in nearly any tāḷa or naḍai. I use beat and tāḷa markers to reveal the relationship between phrase and meter in specific, temporary situations. When the pattern and tāḷa are well synchronized they are, in my view, *dancing* together. A given pattern in a new tāḷa or naḍai dances differently than it did in its previous relationship.

I recommend learning the phrases first, then adding the tāḷa. It is certainly possible to put any of this material into European notation, but I do not advise it. If you learn the phrases first, you are in a better position to appreciate the inherent flexibility of the material. Notation, especially for musicians trained in European music traditions, can very easily take the place of the internalization of form that is necessary for real mastery of this material.

Voice the Patterns to a Steady Clap before You Try the Tāḷa

Once you have a grasp of the phrases, voice the patterns using a steady four-pulse-per-beat clap, with no specific tāḷa in mind. Once you have stabilized the relationship between the pattern and this steady clap, begin to add specific tāḷa gestures. If the tāḷa's gestures are complicated, as the gestures in all the tāḷas in this book are likely to appear to be, use a simpler set of gestures at the beginning. The varieties of ēka tāḷa found in *Solkaṭṭu Manual*, chapter 5, should provide ample resources for this substitution. The chapters on the three *tani āvartanams* in this book include specific suggestions for practice.

Use Counting *Solkaṭṭu*

The patterns in this book are designed to sound musical and interesting, but they are not always easy to grasp. You can temporarily simplify the solkaṭṭu in order to help you gain control over a given pattern. This simplified solkaṭṭu has been called *counting* solkaṭṭu.[5] I have indicated useful substitutions throughout the three tanis in this book. Avoid counting in numbers; counting solkaṭṭu is much closer to the musical material. And always voice the unsounded pulses. Think of these as extensions of the previous syllable, not as rests independent of an articulated syllable.

Always Practice with a Metronome or Tāḷa-Keeping Device or App

I offer two reasons for this direction. First, rhythmic synchronization is one of the most important features of excellent ensemble work, and solkaṭṭu is no exception. No one's sense of musical time is perfectly even; everyone tends to rush certain patterns and drag others. Attentive regular practice with a timekeeping device is the best therapy for curing rhythmic unevenness.

Second, if your command of the tāḷa is insecure, your grasp of the material will suffer. The external reinforcement provided by a metronome or tāḷa app helps to stabilize your command of this key partner in the dance with the patterns. In addition to several stand-alone devices made by Radel Electronics and others, there are, as of this writing, several apps available for mobile electronic

5. Dineen, 2015, 134ff.

devices (phones and tablets) that generate customizable tāḷa sounds. My app of choice for iOS is *Talanome*, by Sridhar Rajagopalan, which I use for teaching and practice every day.

Slow It Down

This is good advice for any musician, including the author. If you are having *any* trouble performing a pattern, try it at half speed. Be sure you have fully understood its internal workings and can execute it perfectly before you speed it up. When you do speed it up, do so incrementally. If you can't do it at MM = 80, try it at 40, then go to 50, 60, and so forth. You are looking for the fastest speed at which you have full control. Practice there; the speed will take care of itself as correct muscle memory takes over.

Work from the End Backward

This suggestion is based on the notion that if you can't do something, your mental image of it is not detailed enough. Every musician is familiar with the following syndrome. You begin a piece of music, get to a certain point, and make a mistake. You stop, restart the piece, get to the same point, and make the same mistake. If you persist in this method, you are practicing that mistake. You think you know where the piece is going, but your mental image is flawed.

The best way to avoid this problem is to work backward from the end of the piece. When I am teaching a new piece, whether it is a *mōrā*, a *kōrvai*,[6] or a full tani āvartanam, I teach the end first and work backward from there.[7] This seems arduous at first, but one soon discovers that, as we add newer material before that which we have already learned, we are moving into increasingly familiar territory. Momentum increases, time seems to collapse, and suddenly we have finished the piece. An added benefit of working this way is that the piece is committed to memory without any direct effort to memorize it. When one of my groups performs a difficult tani of fifteen minutes or longer entirely without written notes, the credit goes to this way of learning. You will find detailed instructions for this process throughout the material in the following chapters.

Practice with Your Eyes Open and Looking at a Trusted Tāḷa Keeper

We are told that Indian music ensembles from the earliest times sat so that they could maintain eye contact with one another.[8] If you are sitting with your eyes closed, or staring at the ceiling, your concentration is divided and you are separating yourself from the ensemble. Let your eyes rest, as relaxed as possible, on the hands of someone whose tāḷa you trust. Don't worry about your own tāḷa; it will be drawn into the correct gestures. I learned this from the great flautist T. Viswanathan, whom I frequently accompanied in his later years. He said, "Open your eyes; then you will be able

6. For definitions of these terms, see chapter 3, "Notation Conventions and Some Fundamental Concepts."

7. I use this method in my own practice as well as in any effort that requires the internalization of material: my performance of lectures, poems, speeches, and other presentations benefits from this kind of work.

8. Rowell, 1992, 188ff.

to take indications." And the indications could be very subtle: a slight turn of the head, the twitch of an eyebrow, a small change in the tempo. One is drawn into the entirety of the performance and out of one's (usually unhelpful) inner dialogue.

THE STRUCTURE OF THIS BOOK

In chapter 2, I have included a brief outline of the Karṇāṭak tāḷa system, including the thirty-five tāḷa scheme, the capu tāḷas, and tāḷas derived from the *Tiruppugaẕ*, a collection of isorhythmic songs by the sixteenth-century composer Arunagirinadar. This is not exhaustive information; I have included enough to get you through the present volume with some understanding.

Chapter 3 details the notation conventions I use to represent rhythmic patterns. It also includes brief definitions of the principal design elements, mōrā, kōrvai, and koraippu, that occur in these pages.

Chapter 4 is a personal account of the evolution of three mṛdaṅgam compositions that Palani Subramania Pillai taught to T. Ranganathan, who discovered ways to re-invent them that his teacher had not seen. Ranga taught both the original versions and his logical extensions of them to me, and I in turn found further applications of them that he had not seen. I share these developments in order to demonstrate the continuity of a style and its growth from one generation to the next. The three compositions I discuss in this chapter appear later in the book in the three tani āvartanams.

Chapter 5: *Solkaṭṭu Manual*, chapter 5, details exercises in four of the five versions, or jātis, of ēka tāḷa: tiśra (three beats), khaṇḍa (five beats), miśra (seven beats), and sankīrṇa (nine beats). In this book, chapter 5 adapts the same exercises for use in developing control in different pulse rates within each beat, known as *gati* in Sanskrit and naḍai in Tamil.

Chapters 6, 7, and 8: Each of the next three chapters presents an extended composition for group or individual performance in a different tāḷa. Each features mōrās, kōrvais, a koraippu, and an ending section. I present them here in konnakkol; they could also be played on any of the Karṇāṭak percussion instruments.

In part 2, I have provided video examples from chapter 4 and important material from chapters 6, 7, and 8, along with full performances of all three tanis by groups of my students, and two performances by ensembles in Iran and Germany.

In part 3, the notation includes all the compositions detailed in chapters 6, 7, and 8.

PRONUNCIATION[9]

The pronunciation and diacritical marks in this book apply equally to foreign (Sanskrit and Tamil) terms and to the solkaṭṭu syllables themselves. They are drawn from the International Alphabet of Sanskrit Transliteration.[10]

9. This set of pronunciation conventions is adapted from *Solkaṭṭu Manual*, 10.

10. "International Alphabet of Sanskrit Transliteration," *Wikipedia*, https://en.wikipedia.org/wiki/International_Alphabet_of_Sanskrit_Transliteration.

- Vowels may be short, *a* (*opera*, *cinema*), *e* (*pet*), *i* (*tip*), *o* (*porch*), *u* (*put*) or long, *ā* (*blah*), *ē* (*say*), *ī* (*tee*), *ō* (*blow*), *ū* (*tool*).
- Consonants *t* and *d* are *dental*, pronounced with the tongue flat against the top teeth. Solkaṭṭu examples using these sounds include *ta*, *di*, *din*, *tām*, *tom*, and *tōm*.
- Consonants with dots underneath, *ḍ*, *ṭ*, *ḷ*, *ṇ*, are *retroflex*, pronounced with the tip of the tongue curled against the roof of the mouth, as if a liquid "r" preceded them: *bird*, *curt*, *snarling*, *corn*. Solkaṭṭu examples using these sounds include *ki ṭa* and *jo ṇu*.
- Consonant *ś* sounds like *flash*; *s* sounds like *dust*, not *music*.
- Consonant *r* is like the single Spanish *r*, in which the tongue bounces once off the roof of the mouth, not like the liquid American *row*. Solkaṭṭu examples using this sound include *ri*, as in *ta ri ki ṭa*.
- Consonants *j* and *g* sound like *jog*.
- Consonant *c* sounds like *church*.

Accents in Sanskrit and Tamil words are functions of long and short syllables. If all the vowels in a word are short, the syllables are pronounced with equal weight, for example, *sol-kaṭ-ṭu*, not *SOL-kaṭ-ṭu* or *sol-KA-ṭu*. A long vowel in a word generates an accent, for example, *TĀ-ḷa*, *san-KĪR-ṇa*. Most of the non-English words in this text can be sounded out using this scheme. One exception is the Sanskrit *caturaśra*, which most Tamil-speaking Karṇāṭak musicians pronounce as *cha-TOOSH-ra* or *cha-TOOS-ra*. After the first occurrence of this word, in chapter 1 on the history of tāḷa, I have used the modern pronunciation and spelling, *catusra*.

The first use of a Sanskrit or Tamil word is italicized. Depending on the context, these words may appear in a glossary at the end of the chapter in question or may be defined along with the first use.

GLOSSARY

gati (gutty): The Sanskrit term for the internal structure of a beat as measured in pulses. See chapter 2 for a fuller explanation. Synonymous with *naḍai*.

koraippu (ko-rye-pooh): "reduction." A section of the tani āvartanam in which drummers trade progressively shorter groups of phrases. See chapter 3 for a full definition.

kōrvai (CORE-way): A complex rhythmic design, ending with a mōrā. See chapter 3 for a full definition.

mōrā (moe-rah): A rhythmic ending figure. See chapter 3 for a full definition.

mṛdaṅgam (mri-dun-gum): The barrel-shaped, two-headed drum used to accompany Karṇāṭak music.

2 · WHAT IS THIS THING CALLED TĀḶA?

This chapter sketches some important sources for modern tāḷas. There are other treatises, for example, Sarngadeva's (1210–1247) Sangita Ratnakara, that include tables of tāḷas, but these do not exert much influence over modern (1700–present) musical practice, so I have not listed them here.

NĀṬYAŚASTRA (CA. 200 BCE–200 CE)

This treatise on dramaturgy includes only tāḷas deemed appropriate for songs used in the dramatic productions it describes. It details three features that are relevant to modern tāḷa.[11]

The Use of a Spatial Metaphor in the Naming of Tāḷa Groups

Only two classes of tāḷa, *caturaśra* (cha•toor•ash•ra, "four sides") and *tryaśra* (tree•ash•ra, "three sides") are fit for these songs. Even now, sixteen centuries later, the shortest tāḷa cycle comprises three beats.

*The Use of Hand Gestures (*Kriyās*) for Counting the Tāḷas*

Musicians were seated so that they could maintain eye contact, enabling them to synchronize their tāḷa gestures. These gestures were grouped into patterns (*aṅga*), including one called *laghu*. Tāḷa counts were composed of *mātrā*, defined as the time it takes to speak five short syllables.[12] The laghu is still a feature of modern tāḷas from the thirty-five tāḷa scheme, while the word mātrā has come to mean, at least colloquially, what I refer to here as "pulse."

A Notion of Expanding and Contracting Form

Tāḷas could exist in compressed and expanded states, which is still the case. Ādi tāḷa, for example, exists in two very common (and other not so common) states; one comprises one count per beat (*oru kaḷai*), while the other comprises two counts per beat (*reṇḍu kaḷai*)

Tāḷas at this time were not used in the "cyclic" way they are now, in which an entire song

11. Rowell, 1992, 188ff.
12. Rowell, 1992, 193.

is generally composed within a single tāḷa. Rather, they were strung together throughout a song in whatever order the composer wished.

SULADI SAPTA TĀḶAS (PURANDARA DASA, 1480–1564)

Purandara Dasa, often referred to as the "father" of Karṇāṭak music, left no treatise, but provided vocal exercises (*alankaras*) in seven tāḷas, made up of three aṅgas: *laghu*, indicated by a vertical line (|); *drutam*, indicated by a circle (O); and *anudrutam*, indicated by a semicircle (U). Drutam and anudrutam were (and are still) of fixed durations, two beats and one beat respectively, while the laghu, at least in this group of exercises, could be three, four, five, or seven beats long, depending on the tāḷa. The laghu is counted by a clap of one hand against the other, or against the leg. The drutam is counted as a clap and a wave of the hand, and the anudrutam is counted by a clap. Claps are conceived as "sounded" counts, while finger counts and waves are considered "unsounded." More than six centuries later, every Karṇāṭak music student learns these alankaras, typically in three levels of speed (four, two, and one pulse per note within a constant tempo).

Dhruva: | O | | (4 + 2 + 4 + 4), or fourteen beats per cycle

Maṭya: | O | (4 + 2 + 4), or ten beats per cycle

Jhampa: | U O (7 + 1 + 2), or ten beats per cycle

Aṭa: | | O O (5 + 5 + 2 + 2), or fourteen beats per cycle

Tripuṭa: | O O (3 + 2 + 2), or seven beats per cycle

Rūpaka: O | (2 + 4), or six beats per cycle

Ēka: | (4), or four beats per cycle

THE THIRTY-FIVE-TĀḶA SCHEME

This was first seen in print in 1893 in "Oriental Music in European Notation," a journal published by A. M. Chinnaswamy Mudaliar. It lays out the full structural possibilities implied in the suladi sapta tāḷas. It maintains the seven tāḷas of the previous scheme, but now each can have five durations, depending on the length of its laghus. Each of the five possible laghus is conceived as belonging to a *jāti*, or metric "family."

Caturaśra (now pronounced cha•toos•ra and spelled in this volume as *catusra*), 4 total beats, a clap + 3 finger counts

Tiśra (corrupted from tryaśra), 3 total beats, a clap + 2 finger counts

Miśra, 7 total beats, a clap + 6 finger counts

Khaṇḍa, 5 total beats, a clap + 4 finger counts

Sankīrṇa, 9 total beats, a clap + 8 finger counts

This results in thirty-five tāḷas, which can be expressed as "n jāti, x tāḷa," where *n* refers to one of the five jātis, *x* to the tāḷa structure. Each beat is now referred to as an *akṣara*.

Each of these can be further expanded by changing the internal pulse total of each beat. This is called gati (Skt) or naḍai (Tamil), literally "way of walking." There are five of these, corresponding to the five jātis. This first was printed in "South Indian Music," by P. Sambamoorthy, first published in 1963.

Catusra, 4 pulses per beat

Tiśra, 3 pulses per beat

Miśra, 7 pulses per beat

Khaṇḍa, 5 pulses per beat

Sankīrṇa, 9 pulses per beat

One hundred seventy-five possible tāḷas have now been generated from the original seven. Unless the gati or naḍai is otherwise specified, the general assumption is that the naḍai is catusra, or four pulses per beat.

These tāḷa structures and their components are generated differently from European meters. One might describe them as "assembled," rather than derived from the movements of the human body (marches, dances, and the like) that characterize European meters. And the notion of naḍai is built into these assembled tāḷa structures, rather than being the result of dividing and subdividing whole beats. Remember that the Natyaśastra's indication of the duration of the single tāḷa count is "the time it takes to say five short syllables." The akṣara, or beat, is thus conceived as inherently articulated into pulses; the use of the word "subdivision" to describe the inner character of the Karṇāṭak akṣara is misleading and inappropriate, and does not appear in this book.

THE "CAPU" (CHAH•POO) TĀḶAS

The source of these tāḷas is unclear. They are counted at double speed relative to the thirty-five and are conceived as having two pulses in each beat. They are not counted by the standard aṅgas. Three of these are in common use, in the following order of frequency:

Miśra capu: 7 two-pulse beats, counted with claps on beats 1, 2, 4, and 6.

Khaṇḍa capu: 5 two-pulse beats, counted with claps on beats 1, 3, and 4.

Sankīrṇa capu: 9 two-pulse beats, counted with claps on beats 1, 3, 5, 7, and 8

The simplicity of their structure belies their importance; miśra capu and khaṇḍa capu are among the four tāḷas most often used for Karṇāṭak songs.

RŪPAKA TĀḶA AS A SPECIAL CASE

Rūpaka tāḷa is one of the thirty-five tāḷas, but is virtually never counted by the drutam + laghu aṅga structure, which would equal six beats in catusra jāti. Instead, it is counted as a three-beat cycle, either the same as tiśra jāti ēka tāḷa (a single three-beat laghu) or by two claps, on beats one and two, and a wave on beat three.

TĀḶAS FROM TIRUPPUGAṞ, SIXTEENTH-CENTURY SONGS BY ARUNAGIRINADAR

These tāḷas are completely syllabic, or isorhythmic, derived from the poetic meter of the texts. They do not conform to the standard tāḷa structures, except when the metric structure of the text happens to match one of these.

Tāḷa in Composition and Improvisation

The tāḷas listed previously are the metric settings for songs in the Karṇāṭak tradition. A song is typically (though not always) composed within a single tāḷa from start to finish. This includes its naḍai. But when a percussionist improvises, either in accompaniment or solo playing, she or he makes use of temporary shifts in the naḍai without changing the overall tempo of the tāḷa. Such a shift may be quite brief, especially in accompaniment, where the rhythmic tension it generates is generally short-lived. But in solo playing, naḍai shifting can amount to a metric modulation, in which an entire section of a tani becomes incrementally faster or slower, giving the impression to the uninitiated listener that the tāḷa itself has temporarily changed.

THE BIG FOUR TĀḶAS

These are the tāḷas that comprise a mṛdaṅgam student's formal training. Only one of these comes from the thirty-five-tāḷa scheme. They are listed as follows in the order of the number of songs composed within them.

Ādi tāḷa, formally known as catusra jāti tripuṭa tāḷa (4 + 2 + 2, eight four-pulse beats)

This tāḷa, in its three most oft-used versions, accounts for approximately 80 percent of the songs in the Karṇāṭak tradition. These three versions are:

- Oru kaḷai, in which each four-pulse beat is counted once
- Reṇḍu kaḷai, in which each beat is counted twice, doubling the number of its pulses to eight
- Deśādi, a variant of oru kaḷai in which songs begin after six silent pulses

Rūpaka tāḷa, three four- or eight-pulse beats

Rūpaka tāḷa appears in both the oru kaḷai and reṇḍu kaḷai versions, depending on the song. But even in the reṇḍu kaḷai form, when each beat is counted twice, it is nearly always counted as indicated above, as identical to tiśra jāti ēka tāḷa or with two (double) claps and a (double) wave.

Miśra capu, seven two-pulse beats

Khaṇḍa capu, five two-pulse beats

My training with T. Ranganathan began with reṇḍu kaḷai ādi tāḷa, then continued in miśra capu and khaṇḍa capu. Rūpaka tāḷa was covered in the form of tiśra naḍai passages within ādi tāḷa. These can be transferred to rūpaka tāḷa and used as lesson material, removing the necessity for separate lessons in this tāḷa.

Solkaṭṭu Manual focused on four of the five versions of ēka tāḷa (tiśra jāti, khaṇḍa jāti, miśra jāti, and sankīrṇa jāti), and on ādi tāḷa, including a section in tiśra naḍai. This volume includes exercises in catusra jāti ēka tāḷa in two of its five naḍais, tiśra and khaṇḍa. It then moves to tani āvartanams in three other tāḷas: miśra capu, miśra jāti jhampa tāḷa (7 + 1 + 2, or ten beats), and khaṇḍa jāti tripuṭa tāḷa (5 + 2 + 2, or nine beats).

GLOSSARY

naḍai (nar-dye): The Tamil term for the internal structure of a beat as measured in pulses. See chapter 1 for a fuller explanation. Synonymous with *gati.*

solkaṭṭu (soul-cut-two): The South Indian system of spoken rhythm syllables along with the hand gestures of a tāḷa.

tāḷa (TAH-la): A meter in Karṇāṭak music, counted by recurring sets of hand gestures.

tani āvartanam (ta-nee AH-var-ta-num): The percussion solo in a South Indian music concert.

3 · NOTATION CONVENTIONS AND SOME FUNDAMENTAL CONCEPTS

NOTATION

A single syllable may be assumed to be one pulse in duration; for example, *ta ka di mi* indicates a four-pulse phrase in any context. I indicate lengthened syllables in two ways. If the lengthened syllable is part of a text section, in which it is italicized, or is an example of a rhythmic design, I use subscript numbers to indicate the duration in pulses. The figure ta_2 ka_2 di_2 mi_2, for example, indicates an eight-pulse phrase. A trikāḷa using this phrase might appear this way:

ta_4 ka_4 di_4 mi_4 {16 pulses}

ta_2 ka_2 di_2 mi_2 {8 pulses}

ta ka di mi {4 pulses}

If I wish to show the same three-speed figure in its tāḷa context, I use dots to indicate the duration of each syllable.

ta • • • ka • • • di • • • mi • • • ta • ka • di • mi • ta ka di mi

The dots shown may also add visual clarity to the phrase shape without the tāḷa:

ta • • • ka • • • di • • • mi • • •

ta • ka • di • mi •

ta ka di mi

The syllable *tām* is assumed to be at least two pulses in duration and is most often spelled with a macron over its vowel.

I notate syllables at double the pulse rate without their vowels, with the consonants grouped into single-pulse units. Thus, the double-speed version of *ta ka di mi*, *tk dm*, has the duration of two pulses.

Tāḷa markers include a double line, ||, to indicate a clap or the end of a cycle, and a single line, |, to indicate finger counts, or, as in the capu tāḷas, beats other than claps. The trikāḷa, notated in catusra jāti ēka tāḷa catusra naḍai, is shown following. Notice that the trikāḷa comprises twenty-eight pulses (sixteen plus eight plus four), and therefore begins after four pulses of the first of two cycles:

||• • • • |ta • • • |ka • • • |di • • • ||mi • • • |ta • ka • |di • mi • |ta ka di mi||

The first of these two modes of notation may be called *design* notation, the second *tāḷa* notation. I also use subscript notation when notating silences in design notation, as follows:

$\bullet_4$ {4 silent pulses}

ta_4 ka_4 di_4 mi_4 {16 pulses}

ta_2 ka_2 di_2 mi_2 {8 pulses}

ta ka di mi {4 pulses}

Design notation is more versatile in revealing the phrase shape of a pattern or composition and respects the nearly infinite flexibility inherent in this material. It provides the total number of pulses and their organization into phrases without dictating a tāḷa or naḍai context. A musician is free to use her imagination in discovering new applications for a given piece of material. This is the notation I use in transcribing recordings, in writing material for my own use, and for presenting new material to students.

Tāḷa notation describes a rhythmic design in a specific metric setting. I do not often present material to students in tāḷa notation, for the reasons I outlined in the previous paragraph. This type of notation can be useful if one is finding a particular phrase or section of a piece difficult. The best way to use it is to make one's own notation in order to gain certainty about how a pattern fits into a given tāḷa or naḍai application. The act of writing a kaṇakku figure in the tāḷa can help to sharpen one's mental image of the relationship between material and meter. Once this mental image is sufficiently precise, the tāḷa notation has served its purpose and is no longer necessary.

I use both notation methods in this book in recognition of the diversity of experience and musical background of my audience. Refinements and exceptions to these notation conventions are clarified on a case-by-case basis throughout the book.

SARVALAGHU AND KAṆAKKU: TWO FUNDAMENTAL CONCEPTS

Every Karṇāṭak music listener is familiar with the following situation. One is listening to the music, enjoying the lively rhythms the drummer is playing, perhaps keeping tāḷa or patting one's foot in time to the beat, when the drummer suddenly plays something that upends one's ability to keep accurate time. This interruption may be brief, during a song, or extended, during the tani āvartanam. The drummer is alternating between patterns that reinforce the flow of time[14] and patterns that create tension with the flow of time. I refer to the former as *sarvalaghu*, and the latter as *kaṇakku*. Sarvalaghu patterns may be extremely subtle and beautiful when played on the mṛdaṅgam. They have

14. Trichy Sankaran (1989, 41) has used the phrases *flow patterns* and *sarvalaghu* to describe this.

parallels throughout world percussion traditions. In these pages, they are used to set up kaṇakku figures, and a detailed examination of them is not necessary.

Kaṇakku patterns, however, which I have called "designs in the fabric of time,"[15] are apparently unique in Indian music, North and South.[16] We will not include North Indian, or Hindustani, approaches to these designs; they are examined in many books and articles on this great tradition. This volume includes many examples of the three main Karṇāṭak kaṇakku forms: mōrā, kōrvai, and koraippu.

Mōrā

Mōrā, also known as *arudi*, refers to the class of rhythmic cadences that Karṇāṭak drummers use to signal endings: of sections of songs, of complex kaṇakku passages, and of kōrvais. Mōrās vary greatly in pulse total and complexity, but they share a fundamental underlying structure. A rhythmic figure is stated three times; these three statements are separated by contrasting figures, which are either silent, like rests, or articulated. The mōrā structure has largely been ignored by Indian writers on Karṇāṭak rhythm until recently and was confusing to the first non-Indian writers on the subject.

Ranga and his students came up with the formula $x\ y\ x\ y\ x$, where x is the figure stated three times, and y is the contrasting figure, or gap (from Tamil: *kārvai*). This formulation first appeared in print in Marcie L. Frishman's 1985 MA thesis from Wesleyan University. Some confusion remained: Frishman and others maintained that two types of mōrā existed: a mōrā that included gaps could be represented $x\ y\ x\ y\ x$, while $x\ x\ x$ referred to a mōrā that had no gaps.

My 1991 dissertation demonstrated that they were not really distinct, since any mōrā can be expanded by increasing the statement and/or gaps. I clarified the definition by pointing out that, while x had to be at least one pulse in duration ($x > 1$), y could be zero ($y > 0$). Only one formula was necessary. I have since slightly refined this formula, changing its elements from x and y to s (statement) and g [gap], and expressing a given mōrā as (s) [g] (s) [g] (s), where the figure in parentheses is stated three times, and the figure in brackets occurs twice.[17] If the gap is zero, I omit the brackets. I notate mōrās throughout this book according to this scheme.

A mōrā is complete in itself but can sometimes be expanded into a *compound* mōrā. In such a case, the entire mōrā may be stated three times, which makes each iteration of the simple mōrā a statement in the compound mōrā. I notate compound mōrās using doubled parentheses as follows:

((s) [g] (s) [g] (s)) [g] ((s) [g] (s) [g] (s)) [g] ((s) [g] (s) [g] (s))

For a fuller account of how mōrās develop, see *Solkaṭṭu Manual*, pp. 22–24.

15. Nelson, 1991, vol. 1, 43.

16. I would be pleased to be proved wrong about this, but in forty-seven years I have not encountered such designs, at least in the flexibility of their application, in any other percussion tradition.

17. The three statements are not required to be the same duration. They may expand or contract, subject to certain rules. The two gaps do not change duration within a single mōrā.

Kōrvai[18]

The *kōrvai* form is more elaborate than the mōrā and used more sparingly. It is almost always precomposed and designed to fit a particular tāḷa setting.

The kōrvai seldom occurs in tasteful accompaniment, whereas small mōrās may be used as seasoning throughout a song. Its most frequent use is in the tani āvartanam, where it marks important structural points. Every tani must contain at least one kōrvai, at its end, but most tanis contain several. How many of these appear in a solo depends on time, among other factors.

Though a particular kōrvai might have been composed so that its pulse total matches that of a specific tāḷa, its internal phrase structure is likely to generate significant tension with the tāḷa; it may be quite difficult to perform precisely. A kōrvai therefore may require a great deal of practice; each one must be mastered in all its possible manifestations.

The kōrvai form is quite flexible, with only two firm rules. First, it must have at least two parts, though it may have several. These sections generally express some type of rhythmic shape, or *yati*. The other firm rule is that its final section must be a mōrā.

I notate kōrvais in design notation that shows the structure, shape, and pulse totals of the introductory sections followed by the mōrā in the form indicated previously. Here is a typical kōrvai notation:

ta ka di na tān_2 gu {7 pulses}

ta ka di na tān_2 gu {7 pulses}

ta ka di na tān_2 gu {7 pulses}

(ta_4 di_4 ki_4 ṭa_4 tōm_4) {20 pulses}

(ta_2 di_2 ki_2 ṭa_2 tōm_2) {10 pulses}

(ta di ki ṭa tom) {5 pulses} {56 pulses total}

Koraippu[19]

A tani āvartanam may be performed by a solo artist or by a group of musicians. Since the material in this book is designed for a group, we may make use of a device called *koraippu*, which means "to reduce." This falls under the heading of kaṇakku but has a more improvisatory character than do mōrās and kōrvais.

Koraippu is a section near the end of a tani in which performers trade phrases in progressively smaller groups until everyone is playing together as the tani draws to a close and rejoins the song. Jazz musicians also trade groups of measures: eight measures, then four, then two, and so on.

18. This section is adapted from *Solkaṭṭu Manual*, 61.
19. This section is adapted from *Solkaṭṭu Manual*, 70.

Trading in jazz often follows the song form, which is constrained by a set number of measures according to a given song's harmonic structure; for example, twelve, sixteen, or thirty-two measures.

Since Karṇāṭak music song forms are open-ended, not bounded by a harmonic structure, trading must be organized another way. Karṇāṭak musicians often organize a koraippu according to numbers of tāḷa cycles: two cycles, then single cycles, then half cycles and quarter cycles. In such a koraippu the players are free to play whatever phrases and small designs come to mind within each segment of the tāḷa, each responding to the previous player in a spirit of friendly competition.

A more elaborately organized approach to trading is based on rhythmic phrases that generate tension within the tāḷa setting. For example, a group of musicians playing in ādi tāḷa might trade groups of seven-note phrases. In a seven-beat cycle, they might trade phrases of six notes each, while in a five- or ten-beat cycle they could trade nine-note phrases. You will find such koraippus in the miśra capu and miśra jāti jhampa tanis in this book. The koraippu in khaṇḍa jāti tripuṭa takes a somewhat different direction, as you will see.

GLOSSARY

arudi (ah-rue-dee): Generally, a synonym for mōrā. Specifically, in this book, a small mōrā that marks the end of a section in the tani āvartanam.

kaṇakku (kah-na-kuh): Tamil, "calculation." Rhythmic designs that create tension within the tāḷa.

sama (sah-mah): The first beat of a tāḷa cycle.

sarvalaghu (sar-va-la-goo): In general, rhythm patterns that carry the flow of musical time.

yati (yuh-tee): One of six rhythmic "shapes." See *Solkaṭṭu Manual*, p. 65.

4 · THREE GENERATIONS, THREE DIRECTIONS

This chapter demonstrates the processes of evolution that have taken place in three generations of Karṇāṭak drumming. Palani M. Subramania Pillai (1908–1962) and Palghat Mani Ayyar (1921–1981) are widely considered the originators of modern mṛdaṅgam playing. The two styles, known respectively as the Pudukottai and Tanjavur styles, remained distinct for a generation or two. Now, thanks to the ready availability of recordings of both players, nearly every drummer incorporates elements of both. This cross-fertilization was beginning even in their lifetimes. Palghat R. Raghu (1928–2009), for example, was one of Palghat Mani Ayyar's foremost disciples, and he revered Palani's style. My teacher, T. Ranganathan, was one of Palani's first disciples in the 1930s and 1940s and was dedicated to preserving his teacher's unique style. He admired Mani Ayyar and made use of his ideas. Even when Raghu and Ranga used elements of one another's teacher's styles, they stayed true to their teachers' aesthetic values.

Social customs in India were strict during the years when Ranga was learning. Except when he was actually playing, Ranga, who walked with crutches after a childhood bout with polio, would neither sit nor speak while his teacher was in the room. Asking questions was unthinkable; one repeated what the teacher played without any discussion. Nothing was written down. If he didn't understand something, Ranga would keep trying or keep silent, hoping that a solution would come to him later, or that another student might have caught it and could explain it to him. One might expect that this rote learning would hamper creativity. Instead, the absence of notation and recordings combined with the teacher's silence led the more creative students into a state of heightened attention. If you didn't catch it the first time, it might be gone forever.

But there were likely to be gaps in one's attention. For example, Ranga described hearing his teacher play a kōrvai he hadn't learned. Later he tried to reconstruct it; he remembered the beginning, but not the mōrā. He knew where it had to end, so he came up with a mōrā that would work. Soon after that he performed in a concert broadcast on All India Radio, a venue that drew attention from many musicians, and he played the kōrvai. The next time he saw his teacher, Palani asked him where he had gotten the kōrvai. Ranga, mortified, explained that he had been unable to figure out exactly what his teacher had played, so he made up something else. Palani was pleased by his student's solution. Ranga had composed something and now knew how the process of composition could work. Even in this socially restrictive environment, then, material was evolving.

When Ranga came to Wesleyan in 1963, he found his American students bright, talented, and shockingly inquisitive. We wanted to know what, why, and how about everything. Why do we remove our shoes before entering the classroom? Why don't you just write it down and give us the notation? What is this thing called a mōrā and why do we play kōrvais three times? How do you compose a tani āvartanam? If we're playing all this composed material, when do we get to improvise?

Ranga developed effective strategies for working with these inquisitive, culturally uninformed students. He began to write drum material in solkaṭṭu, indicating the strokes according to the notation that Robert Brown had devised in learning mṛdaṅgam from Ranga as his dissertation research. And he learned to explain the structure of what he was doing, something he had never consciously investigated. He began to teach more structurally, demonstrating how to adapt material from one tāḷa or naḍai to another. One of his favorite terms was *attribution*: "You must learn to attribute this to that." One day he taught me a kōrvai for ādi tāḷa and gave me an assignment: "I want you to find this (structure) for miśra capu." He had learned how to teach one of the most important aspects of Karṇāṭak drumming, the nearly infinite flexibility of its forms.

I was first drawn to Ranga by the sound he got from the mṛdaṅgam, which I found (and still find) relentlessly beautiful. This may be called the aesthetics of sound, a decent English equivalent for the Sanskrit *nādam*. But the real depth and power of his musicality stemmed from the combination of this aesthetics of sound with the aesthetics of structure. This structural aesthetic made use of arithmetic and calculation but was not *bound* by these tools. Ranga took the material his teacher had given him and transformed it according to his own creative intuition. He passed these values along to his students, a few of whom have continued along the trail he blazed.

Since I began teaching in the same classroom where I sat with Ranga, I have made some discoveries that are logical extensions of Ranga's and Palani's work. I outline three of these in the following pages. They are implicit in Ranga's ideas, but he did not think of them. That pleasure has been mine.

THE PALANI COMPOSITION REVISITED

Chapter 7 of *Solkaṭṭu Manual* features an important composition by T. Ranganathan's teacher, Palani M. Subramania Pillai. Its importance stems from at least two factors:

1. It is a beautiful demonstration of kaṇakku that flows organically from a sarvalaghu pattern.
2. It is *generative*, by which I mean that it suggests, in its structure and process, other directions for developing its logic.

I am aware of at least two mṛdaṅgam masters in addition to T. Ranganathan who have developed compositions inspired by the original. Karaikudi R. Mani has composed similar material to fit other tāḷas and naḍais, and Trichy S. Sankaran, himself a Palani disciple, has also extended the original idea into new contexts.

The version of the composition that appears in this book comes from T. Ranganathan, who discovered a way to adapt the original to khaṇḍa naḍai. The original, shown as catusra in the example that follows, can be made to fit khaṇḍa naḍai without alteration simply by omitting the second *c* and *d*; this results in one hundred sixty pulses instead of the original one hundred ninety-two. The arithmetic is easy, but the execution is not. Remember that the syllables are grouped into four- and eight-pulse groups; putting these into five-pulse beats takes a great deal of practice and concentration. Even the tāḷa keeping is challenging.

Ranga took a different approach, stretching each sixteen-pulse line into twenty and adding sixteen pulses to the mōrā, as the khaṇḍa notation shows:

1. CATUSRA

a. tām$_2$ ki ṭa ta ka **din$_2$ din$_2$ din$_2$ na$_2$** ki ṭa {16 pulses}

b. tom ta ka tom ta ka **din$_2$ tām$_2$ tām$_2$ dī$_4$** {16 pulses}

c. •$_2$ ki ṭa ta ka **din$_2$ din$_2$ din$_2$ na$_2$** ki ṭa {16 pulses}

d. tom ta ka tom ta ka **din$_2$ ta ka jo ṇu tām$_4$** {16 pulses}

mōrā: {20 pulses each statement, 2 pulses each gap}

(tām$_4$ ta ka di na tom ta ka tom ta ka di na ta ka jo ṇu) [tām$_2$]

(tām$_4$ ta ka di na tom ta ka tom ta ka di na ta ka jo ṇu) [tām$_2$]

(tām$_4$ ta ka di na tom ta ka tom ta ka di na ta ka jo ṇu) *tām* **(04-001V)**

2. KHAṆḌA

a. tām$_2$ ki ṭa ta ka **din$_3$ din$_3$ din$_3$ na$_3$** ki ṭa {20 pulses}

b. tom ta ka tom ta ka **din$_3$ tām$_3$ tām$_3$ dī$_5$** {20 pulses}

c. •$_2$ ki ṭa ta ka din$_3$ **din$_3$ din$_3$ na$_3$** ki ṭa {20 pulses}

d. tom ta ka tom ta ka **din$_3$ ta ka$_2$ jo ṇu$_2$ tām$_5$** {20 pulses}

mōrā: {24 pulses each statement, 4 pulses each gap}

(tām$_4$ ta ka di na tom ta ka tom ta ka di na **ta ka di na** ta ka jo ṇu) [**tām$_4$**]

(tām$_4$ ta ka di na tom ta ka tom ta ka di na **ta ka di na** ta ka jo ṇu) [**tām$_4$**]

(tām$_4$ ta ka di na tom ta ka tom ta ka di na **ta ka di na** ta ka jo ṇu) *tām* **(04-002V)**

Ranga often played this version of the khaṇḍa as part of the whole progression without altering the original for tiśra or fast catusra. At some point, he realized that he had discovered something generative; if he continued the process of expanding each line by four pulses and the mōrā by sixteen, he had new versions for tiśra, miśra, and fast catusra naḍais.

3. TIŚRA

a. tām$_2$ ki ṭa ta ka **din$_4$ din$_4$ din$_4$ na$_4$** ki ṭa {24 pulses}

b. tom ta ka tom ta ka **din$_4$ tām$_4$ tām$_4$ dī$_6$** {24 pulses}

c. •$_2$ ki ṭa ta ka **din$_4$ din$_4$ din$_4$ na$_4$** ki ṭa {24 pulses}

d. tom ta ka tom ta ka **din$_4$ ta$_2$ ka$_2$ jo$_2$ ṇu$_2$ tām$_6$** {24 pulses}

mōrā: {28 pulses each statement, 6 pulses each gap}

(tām$_4$ ta ka di na tom ta ka tom ta ka di na **ta$_2$ ka$_2$ di$_2$ na$_2$** ta ka jo ṇu) **[tām$_6$]**

(tām$_4$ ta ka di na tom ta ka tom ta ka di na **ta$_2$ ka$_2$ di$_2$ na$_2$** ta ka jo ṇu) **[tām$_6$]**

(tām$_4$ ta ka di na tom ta ka tom ta ka di na **ta$_2$ ka$_2$ di$_2$ na$_2$** ta ka jo ṇu) *tām* **(04-003V)**

4. MIŚRA

a. tām$_2$ ki ṭa ta ka **din$_5$ din$_5$ din$_5$ na$_5$** ki ṭa {28 pulses}

b. tom ta ka tom ta ka **din$_5$ tām$_5$ tām$_5$ dī$_7$** {28 pulses}

c. •$_2$ ki ṭa ta ka **din$_5$ din$_5$ din$_5$ na$_5$** ki ṭa {28 pulses}

d. tom ta ka tom ta ka **din$_5$ ta$_2$ ka$_3$ jo$_2$ ṇu$_3$ tām$_7$** {28 pulses}

mōrā: {32 pulses each statement, 8 pulses each gap}

(tām$_4$ ta ka di na tom ta ka tom ta ka di na **ta$_3$ ka$_3$ di$_3$ na$_3$** ta ka jo ṇu) **[tām$_8$]**

(tām$_4$ ta ka di na tom ta ka tom ta ka di na **ta$_3$ ka$_3$ di$_3$ na$_3$** ta ka jo ṇu) **[tām$_8$]**

(tām$_4$ ta ka di na tom ta ka tom ta ka di na **ta$_3$ ka$_3$ di$_3$ na$_3$** ta ka jo ṇu) *tām* **(04-004V)**

5. FAST CATUSRA

a. tām$_2$ ki ṭa ta ka **din$_6$ din$_6$ din$_6$ na$_6$** ki ṭa {32}

b. tom ta ka tom ta ka **din$_6$ tām$_6$ tām$_6$ dī$_8$** {32}

c. •$_2$ ki ṭa ta ka **din$_6$ din$_6$ din$_6$ na$_6$** ki ṭa {32}

d. tom ta ka tom ta ka **din$_6$ ta$_3$ ka$_3$ jo$_3$ ṇu$_3$ tām$_8$** {32}

mōrā: {36 pulses each statement, 10 pulses each gap}

(tām$_4$ ta ka di na tom ta ka tom ta ka di na **ta$_4$ ka$_4$ di$_4$ na$_4$** ta ka jo ṇu) **[tām$_{10}$]**

(tām$_4$ ta ka di na tom ta ka tom ta ka di na **ta$_4$ ka$_4$ di$_4$ na$_4$** ta ka jo ṇu) **[tām$_{10}$]**

(tām$_4$ ta ka di na tom ta ka tom ta ka di na **ta$_4$ ka$_4$ di$_4$ na$_4$** ta ka jo ṇu) *tām* **(04-005V)**

The treatment of the mōrā in these variations is perhaps most easily understood by referring to the sixteen-pulse mōrā in chapter 3 of *Solkaṭṭu Manual*, mōrā series 1.

(ta ka din ta) [tām$_2$] (ta ka din ta) [tām$_2$] (ta ka din ta)

Each expansion of the composition requires extending the mōrā by sixteen pulses, which Ranga accomplished by inserting this original mōrā (though voiced as *ta ka di na* rather than *ta ka din ta*) into the previous one. The sixty-four-pulse original becomes eighty in khaṇḍa, ninety-six in tiśra, one hundred twelve in miśra, and one hundred twenty-eight in fast catusra. Again, the process and the calculation are straightforward, while the execution takes considerable concentration and practice. In the interest of clarity, I have treated the mōrā expansion consistently in the previous examples, simply lengthening the phrase *ta ka di na* each time. Other treatments are certainly possible.

The beauty of this version is in its orderliness. Each line, as in the original, occupies four beats in oru kaḷai ādi tāḷa, while the mōrā occupies two full cycles. What we lose in this version is the rich texture of the original tiśra naḍai, whose catusra phrases generate aesthetic tension with the new naḍai.

Ranga's version of the Palani composition demonstrates the generative character I pointed out previously. As it turns out, Ranga's version is also generative. For example, if we play the khaṇḍa version in a five- or ten-beat tāḷa, we can preserve the catusra-tiśra-double catusra progression of the original. The miśra version works the same way in a seven-beat cycle, as does the tiśra version in rūpaka tāḷa.

I discovered this application of Ranga's version several years ago, in the course of teaching miśra jāti jhampa tāḷa to advanced solkaṭṭu students. I have also used the miśra version in three speeds in miśra capu tani āvartanams. Much more recently, a few months before I wrote this, I was teaching khaṇḍa jāti tripuṭa tāḷa, a nine-beat cycle, and a student asked "What about the Palani composition?" After a few less than satisfying ideas, the following thought occurred to me. Why not mix the original catusra composition with Ranga's khaṇḍa version? After all, four plus five equals nine. I tried some different approaches and arrived at the following solution:

a. tām$_2$ ki ṭa ta ka **din$_3$ din$_3$ din$_3$ na$_3$** ki ṭa {20}

b. tom ta ka tom ta ka **din$_2$ tām$_2$ tām$_2$ dī$_4$** {16}

c. •$_2$ ki ṭa ta ka **din$_3$ din$_3$ din$_3$ na$_3$** ki ṭa {20}

d. tom ta ka tom ta ka **din$_2$ ta ka jo ṇu tām$_4$** {16}

mōrā: {22 pulses each statement, 3 pulses each gap}

(tām$_4$ ta ka di na tom ta ka tom ta ka di na **ta ka$_2$ jo nu$_2$**) **[tām$_3$]**

(tām$_4$ ta ka di na tom ta ka tom ta ka di na **ta ka$_2$ jo nu$_2$**) **[tām$_3$]**

(tām$_4$ ta ka di na tom ta ka tom ta ka di na **ta ka$_2$ jo nu$_2$**) *tām* **(08-118V)**

Lines *a* and *c* are from Ranga's khaṇḍa version, while lines *b* and *d* are from the Palani original. The mōrā expands by eight pulses from the catusra original: two in the statement, and one in the gap. The total comes to two hundred sixteen, or nine times twenty-four, and so it fits the pattern of the Palani original in khaṇḍa jāti tripuṭa tāḷa: catusra, tiśra, fast catusra. It is also effective in oru kaḷai rūpaka tāḷa.

Applying the same logic to other iterations of Ranga's version, we can generate versions for an eleven-beat cycle (mixing khaṇḍa and tiśra), a thirteen-beat cycle (mixing tiśra and miśra), and a fifteen-beat cycle (mixing miśra and fast catusra), though this last tāḷa would have to be invented. It does not figure into the scheme of thirty-five.

SOLKAṬṬU MANUAL KŌRVAI FROM CHAPTER 8

The composition I called a kōrvai in chapter 8 of *Solkaṭṭu Manual* is an interesting case in terminology and structure. I referred to it as a kōrvai based on its function as an important structural marker in the tani. In the previous chapter, I described a kōrvai as having at least two parts, the last of which is a mōrā. By this definition, it can be called a kōrvai. But a kōrvai is typically performed once or three times, rarely twice, and this one would virtually never be played three times. For example, one would not use it to end a tani. So what is it? It can be analyzed as a mōrā, but it is too complex for that definition to fit comfortably. One teacher whom I respect very much calls it *tattakaram*, a term most often used for *bharata nāṭyam*[20] footwork passages, but he did not offer a helpful definition for its use in drumming. I will therefore persist in calling it a kōrvai, with the understanding that it is played only once (or twice, if used as a transition to another naḍai).

The kōrvai from *Solkaṭṭu Manual*, chapter 8, is another Palani composition that points to possibilities beyond its original version. As I pointed out in *Solkaṭṭu Manual*, the original double-time version conceals the composition's underlying structure. This fact had never occurred to me until Ranga showed me a simplified version he designed for a *kanjira*[21] student who wanted to play it but could not manage the fast patterns of the original. The simplified version reveals the inner structure of the composition as generative in a different way.

ta ki ṭa tōm_2 ta din gi ṇa tom jo ṇu jo ṇu tōm_2 ta_2 tām_3

ta ki ṭa tōm_2 ta din gi ṇa tom jo ṇu jo ṇu tōm_2 ta_2 tām_3

ta ki ṭa tōm_2 ta din gi ṇa tom

jo ṇu jo ṇu tōm_2 ta_2 tām_3

jo ṇu jo ṇu tōm_2 ta_2 tām_3

jo ṇu jo ṇu

20. *Bharata nāṭyam* (ba-ra-ta NOT-yum): South India's classical dance.

21. A highly regarded Karṇāṭak frame drum, whose skin comes from the belly of the female water monitor lizard. It is played with the fingers and palm of one hand.

(tōm$_2$ ta$_2$) [tām$_3$]

(tōm$_2$ ta$_2$) [tām$_3$]

(tōm$_2$ ta$_2$)

The structure may be represented this way:

a. ta ki ṭa tōm$_2$ ta din gi ṇa tom {10 pulses}

b. jo ṇu jo ṇu {4 pulses}

c. tōm$_2$ ta$_2$ {4 pulses}

d. tām$_3$ {3 pulses}

a b c d

a b c d

a b c d

b c d

b (c) [d]

(c) [d]

(c)

The overall pulse total is ninety-six, which is eight times twelve. It fits without alteration into an eight-beat tāḷa in catusra naḍai (three cycles), a three-beat or six-beat tāḷa in catusra naḍai (eight or four cycles, respectively), or an eight-beat tāḷa in tiśra naḍai (two cycles).

I had been playing this composition in a more densely articulated version for a few years before Ranga showed me this one. The more densely articulated version conceals the structure, as follows:

a. ta$_2$ tr gg tr gd dk tk tr gd {10 pulses}

b. tr gd ta$_2$ {4 pulses}

c. tōm$_2$ ta$_2$ {4 pulses}

d. tām$_3$ {3 pulses}

The ear naturally connects the *tr gd* that begins the *b* figure with the double-speed *a* figure. It *sounds* as if the *b* figure is a continuation of the *a* figure rather than a separate component.

When we began miśra capu tāḷa, Ranga thought of using this composition. He could have started the composition two pulses after the sama, and it would have fit perfectly. But he wanted to change it so that it fit neatly into the seven-beat cycle. He simply added one more pulse to each of the mōrā gaps, as follows:

ta$_2$ tr gg tr gd dk tk tr gd tr gd ta$_2$ tōm$_2$ ta$_2$ tām$_3$

ta$_2$ tr gg tr gd dk tk tr gd tr gd ta$_2$ tōm$_2$ ta$_2$ tām$_3$

ta$_2$ tr gg tr gd dk tk tr gd

tr gd ta$_2$ tōm$_2$ ta$_2$ tām$_3$

tr gd ta$_2$ tōm$_2$ ta$_2$ tām$_3$

tr gd ta$_2$

(tōm$_2$ ta$_2$) **[tām$_4$]** (tōm$_2$ ta$_2$) **[tām$_4$]** (tōm$_2$ ta$_2$)

Now the pulse total was ninety-eight, which fit neatly into seven cycles of miśra capu. This solution worked, but did not reveal the structure. He came upon the simplified version several years later, but did not have time to discover its implications for generating new versions.

A few years after he showed me the simplified version, I came upon a mode of transformation based on the clarified structure. I noticed that the *a* figure occurs three times and that the *b* figure occurs five times. I saw that if I added the same number of pulses to *a* and *b*, I would be adding in multiples of eight. Adding two pulses each to *a* and *b* would expand the ninety-six-pulse original to one hundred twelve, or fourteen times eight. I could now use it in miśra capu tāḷa (eight cycles), or miśra naḍai ādi tāḷa (two cycles). The new structure looked like this: (added syllables are bold)

a. ***ta ka*** ta ki ṭa tōm$_2$ ta din gi ṇa tom {12 pulses}

b. ***ta*** jo ṇu ***ta*** jo ṇu {6 pulses}

c. tōm$_2$ ta$_2$ {4 pulses}

d. tām$_3$ {3 pulses}

And it was straightforward to develop a double-time version:

a. ***tr gd*** ta$_2$ tr gg tr gd dk tk tr gd {12 pulses}

b. ***tr gd tk jn*** ta$_2$ {6 pulses}

c. tōm$_2$ ta$_2$ {4 pulses}

d. tām$_3$ {3 pulses} **(06-046V)**

This double-speed version has become a mainstay of my teaching and performing in miśra capu tāḷa and is featured, along with a sarvalaghu setup, in the chapter on miśra capu.

I began teaching the miśra capu version by demonstrating its derivation from the original catusra, and my students became interested in other possibilities. A group of students working on a khaṇḍa naḍai section of an ādi tāḷa tani wanted to know how, for example, we could generate a version that would work in khaṇḍa. We found that adding one pulse each to the *a* and *b* figures in the miśra version resulted in one hundred twenty pulses (112 + 8).

a. ***ta ki ṭa*** ta ki ṭa tōm_2 ta din gi ṇa tom {13 pulses}

b. ***ta ka*** jo ṇu ***ta*** jo ṇu {7 pulses}

c. tōm_2 ta_2 {4 pulses}

d. tām_3 {3 pulses}

One hundred twenty is a versatile number in Karṇāṭak drumming. It can be expressed as four times five times six and is therefore native in three naḍais or tāḷas: catusra, khaṇḍa, and tiśra. Now we had a version that showed the structure. Following Palani's model, we needed one that concealed it. Remember that the *b* figure's pulse total needs to stay intact. Some experimentation resulted in the following:

a. ta din gi na tōm_2 ta din_2 gi na tōm_2 {13 pulses}

b. ta din_3 gi na tom {7 pulses}

c. tōm_2 ta_2 {4 pulses}

d. tam_3 {3 pulses}

This version is likely to sound as if it begins with a twenty-pulse mōrā:

(ta din gi na tom) [•] (ta din_2 gi na tom) [•] (ta din_3 gi na tom)

and ends with the usual eighteen-pulse mōrā.

(tōm_2 ta_2) [tām_3] (tōm_2 ta_2) [tām_3] (tōm_2 ta_2)

The whole composition may be analyzed as a compound mōrā:

(ta din gi na tōm_2 ta din_2 gi na tōm_2) [ta din_3 gi na tom tōm_2 ta_2 tām_3]

(ta din gi na tōm_2 ta din_2 gi na tōm_2) [ta din_3 gi na tom tōm_2 ta_2 tām_3]

(ta din gi na tōm_2 ta din_2 gi na tōm_2)

(ta din_3 gi na tom) [tōm_2 ta_2 tām_3]

(ta din_3 gi na tom) [tōm_2 ta_2 tām_3]

(ta din_3 gi na tom)

(tōm_2 ta_2) [tām_3]

(tōm_2 ta_2) [tām_3]

(tōm_2 ta_2) **(04-006V)**

One of my students showed this composition to another teacher, who said he felt that the surface changed so much in this version that it had become an entirely new form. Structurally, however, it still follows the form of Palani's original:

a b c d

a b c d

a b c d

b c d

b (c) [d]

(c) [d]

(c)

A KŌRVAI IN THREE NAḌAIS

The structure of lessons in any tāḷa amounts to a tani āvartanam in paradigm form. Slow tempo sarvalaghu introduces a mōrā, then a kōrvai or two; medium tempo sarvalaghu follows, introducing other kaṇakku figures; next comes gati bhedam, or pulse-rate shifting, followed by preparation, periya mōrā, and a final kōrvai. The shift to another gati/naḍai may be abrupt, without warning, or it may be introduced by a kōrvai that begins in the naḍai of origin and ends in the destination pulse rate. Often such a kōrvai is designed to fit both naḍais, meaning that its pulse total must be a multiple of the two. For example, a kōrvai comprising one hundred ninety-two pulses, or sixteen times twelve, is native in catusra naḍai *and* tiśra naḍai. It may be played in each of these in turn in a tani, serving as a bridge into a section entirely in tiśra naḍai.

At some time in the late 1970s or early 1980s, I went on a concert tour with Ranga, Viswa, and the vina player K. S. Subramanian. Ranga and I had been working for several months in miśra capu tāḷa, and Viswa had tailored the concert program so that the main piece, thus the tani, was in this tāḷa. He did this so that I, as the least experienced member of the ensemble, could be as comfortable as possible.

The day of our concert in Chicago, Viswa told us over breakfast that he had sent the organizers the wrong program. I assumed he would announce the changes from the stage, but he wanted to play the program he had sent them. "So, the tani is ādi tāḷa. Can you manage, or what?" This meant playing material we had not been working on. Worse, Ranga didn't want to practice; he was tired after all our travel and wanted to rest on the concert day. I was terrified by the idea of being taken out of my comfort zone, and by the prospect of performing a solo we had not rehearsed.

I went for a walk in a nearby park and sat down on a bench to think about what I might play. I had some ideas about how to begin; and when I thought of a section in tiśra naḍai, I looked for a "bridge" kōrvai to get me there. Ranga had taught a very nice kōrvai from Palani that I learned to play twice in catusra naḍai, then once in tiśra naḍai. As I mentally practiced the solkaṭṭu, I noticed something I had not understood before. The sixty-pulse kōrvai started in the middle of the tāḷa, and its three iterations filled twenty full beats: twice at seven and a half (this was reṇḍu kaḷai, or two counts per beat), and once (in tiśra naḍai) at five beats. It occurred to me that it would also be possible to play it in khaṇḍa naḍai, in which it would fit six beats.

I tried it in khaṇḍa naḍai and found that I could do it. Then I tried all three iterations, once each: catusra naḍai, khaṇḍa naḍai, and tiśra naḍai. This was more manageable than I had expected it to be. A bit more thought rendered an effective setup, in which I used the first phrase of the kōrvai in the three naḍais, at the ends of successive cycles of catusra naḍai sarvalaghu.

I played the kōrvai in that evening's tani, thinking this must be "old hat" to Ranga. But after the concert he asked me, "Where did you get that beautiful kōrvai?" I was dumbfounded. "From you, of course!" "No, I never gave you that." I explained what I had done, and he shook his head. "I never thought of that. It's wonderful!" This was an important event in my musical life, giving me confidence that I was on the right track. The kōrvai in question is used as a bridge to tiśra naḍai in the miśra jāti jhampa tāḷa tani later in this book. Here it is, in its original form:

di_2 tan gd dk tk tr gd tam_4 {12 pulses}

ta di tan gd dk tk tr gd tam_4 {12 pulses}

di_2 tan gd dk tk tr gd {8 pulses}

ta di tan gd dk tk tr gd {8 pulses}

tam_3 {3 pulses}

(ta di ki ta tom) [•] (ta di ki ta tom) [•] (ta di ki ta tom) {17 pulses} **(04-007V)**

I have modified the solkaṭṭu for the version of this kōrvai that appears later in the book. The original is beautiful when played on the mṛdaṅgam, but its syllables are difficult for my students to recite, especially in tiśra naḍai. The version in chapter 6 also sounds good on the mṛdaṅgam, and is far easier to recite.

ta_2 ki ṭa ta tom tr gd tom ta $tōm_2$

ta ta ki ṭa ta tom tr gḍ tom ta $tōm_2$

ta_2 ki ṭa ta tom tr gḍ

ta ta ki ṭa ta tom tr gḍ

$tām_3$ (ta di ki ta tom) [•] (ta di ki ta tom) [•] (ta di ki ta tom)

5 · EXERCISES IN TIŚRA NAḌAI AND KHAṆḌA NAḌAI

PREPARATION FOR ADVANCED MATERIAL

Many students have marveled at the high level of control Karṇāṭak drummers have over shifting pulse rates. There is no canonical progression of lessons for teaching and learning this control, so I have developed effective strategies based on the original exercises I provided in *Solkaṭṭu Manual*, chapter 5. That chapter introduced four of the five jātis of ēka tāḷa: tiśra, khaṇḍa, miśra, and sankīrṇa. Since all the patterns in these tāḷas are based on doubling and redoubling the speed of an original four-pulse-per-note phrase, they would not have generated much tension, or interest, within catusra jāti ēka tāḷa.

The exercises in *Solkaṭṭu Manual*, chapter 5, changed the number of beats within the tāḷa, maintaining catusra naḍai throughout. The following exercises reverse this relationship: the tāḷa remains catusra jāti ēka tāḷa, while the inner pulse changes.

Fundamental Exercises for Naḍai Shifting

Four pulses per beat may be considered the default situation for most tāḷas; many musicians are far less comfortable when the internal pulse rate of the beat shifts. Karṇāṭak music generally allows naḍai shifts into tiśra (three, six, or twelve), khaṇḍa (five, ten, or twenty), miśra (seven, fourteen, or twenty-eight), and sankīrṇa (nine, eighteen) pulses per beat. Note that each proceeds by doubling. Nine is not a subset of tiśram, but is in its own category. Some musicians experiment with other pulse divisions: fifteen, twenty-one, and so on. But these are deviations from the norm, and many musicians consider them improper.[22] In any case, this chapter provides exercises in tiśra, and khaṇḍa naḍai, since material in these pulse rates appears in the three tani āvartanams that follow. Once you have grasped these, you will have the tools to develop your own material for miśra or sankīrṇa naḍai.

You may notice that I do not use terms such as *triplet*, *quintuplet*, or *septuplet* when discussing pulse shifting in Karṇāṭak music. I find these terms misleading and unnecessary. Once you have

22. My teacher, T. Ranganathan, did not consider them improper; and I use several examples of such compound naḍais in my own work.

mastered the exercises in this section, you will know for yourself how each pulse rate feels without associating it with an inaccurate description from Euro-American music.

TIŚRA NAḌAI

Three, Six, or Twelve Events per Beat

Solkaṭṭu Manual first introduced tiśra naḍai in chapter 7 by use of the eight-note phrase *ta ka di mi ta ka jo nu*, which you did twice, then three times, and then four times in a single cycle of ādi tāḷa. This was a miniature version of the course of the entire composition, in all of which the phrases are quadruple in structure. The second speed, at three pulses per beat, is what we mean by tiśra naḍai. I derived the exercises that follow from the set of seven patterns used to set up the exercise mōrās for different tāḷas.

After *Solkaṭṭu Manual* was published, I came upon one more exercise that fits this series. I was teaching the seventh exercise, 4 + 3+ 2 + 1, which is the only exercise in the series that does not start at the beginning of a tāḷa cycle. I made the fortunate discovery that the series 1 + 2 + 3 + 4 + 3 + 2 + 1 adds up to sixteen times through the pattern, and therefore begins at the first beat of the cycle. I now teach this as the eighth exercise in the all the tāḷas in chapter 5 of *Solkaṭṭu Manual*, and I include it here. As was the case in that chapter, these are set in simple ēka tāḷa (clap plus finger counts), again with twelve pulses per cycle. This time, though, it is catusra jāti ēka tāḷa, the four-beat version, and tiśra naḍai, three pulses per beat.

Exercise 1: Trikāla

Once again, we begin with the trikāla, with two significant differences. First, there are two versions. Second, in both versions, do the fast speed first. Version 1 uses the familiar phrase ta ki ṭa. Since tiśra naḍai uses three pulses per beat, each ta ki ṭa will occupy one beat. Do four cycles.

TRIKĀLA, VERSION 1 (FOUR CYCLES OF EACH)

ta ki ṭa {16 times}

ta$_2$ ki$_2$ ṭa$_2$ {8 times}

ta$_4$ ki$_4$ ṭa$_4$ {4 times} **(05-008V)**

Now halve the speed, making each syllable two pulses long. Notice that the pattern now resolves every two beats, twice per cycle, as follows:

||**ta** • ki |• ṭa • |**ta** • ki |• ṭa • ||

Again, do this for four cycles. The slowest speed halves the rate again, so that each syllable is four pulses long. This pattern resolves once per cycle:

||**ta** • • |• ki • |• • ṭa |• • • ||

You might find that voicing the third pulse of each group of four makes it easier to feel the interaction of the pattern with the hand gestures:

|| **ta** • a | • ki • | i • ṭa | • a • ||

The second version of the trikāla in tiśra naḍai changes *ta*$_4$ *ki*$_4$ *ṭa*$_4$ to *ta ka di mi* x 3. That is, each four-pulse syllable now becomes a four-syllable phrase. The set of three resolves at the end of one cycle:

TRIKĀLA, VERSION 2 (FOUR CYCLES OF EACH)

ta ka di mi {12 times}

ta$_2$ ka$_2$ di$_2$ mi$_2$ {6 times}

ta$_4$ ka$_4$ di$_4$ mi$_4$ {3 times} **(05-009V)**

||**ta** ka di |mi **ta** ka |di mi **ta** |ka di mi ||

Now halve the speed. The second speed of version 2 resolves after two cycles:

||**ta** • ka |• di • |mi • **ta** |• ka • ||di • mi |• **ta** • |ka • di |• mi • ||

The third and slowest speed resolves only at the end of four cycles.

||**ta** • • |• ka • |• • di |• • • ||mi • • |• **ta** • |• • ka |• • • ||

||di • • |• mi • |• • **ta** |• • • ||ka • • |• di • |• • mi |• • • ||

Exercise 2: Slow Fast Fast

Work on each of the next exercises using both *ta ki ṭa* and *ta ka di mi*. Some versions will challenge you more than others; those are the ones to concentrate on.

Second Speed Once, First Speed Twice

ta ki ṭa: each time through takes one cycle, so do it four times for four cycles:

||**ta** • ki |• ṭa • |**ta** ki ṭa |**ta** ki ṭa ||

ta ka di mi: each sixteen-pulse group takes one and one-third cycles (twelve plus four), so the exercise takes four cycles to resolve.

||**ta** • ka |• di • |mi • **ta** |ka di mi ||

||**ta** ka di |mi **ta** • |ka • di |• mi • ||

||**ta** ka di |mi **ta** ka |di mi **ta** |• ka • ||

||di • mi |• **ta** ka |di mi **ta** |ka di mi || **(05-010V)**

Third Speed Once, Second Speed Twice

These take twice as long as the previous exercises: two cycles for *ta ki ṭa*, eight cycles for *ta ka di mi*. Both are well suited for ādi tāḷa and ēka tāḷa.

||**ta** • • |• ki • |• • ṭa |• • • ||**ta** • ki |• ṭa • |**ta** • ki |• ṭa •||

||**ta** • • |• ka • |• • di |• • • ||mi • • |• **ta** • |ka • di |• mi • ||

||**ta** • ka |• di • |mi • **ta** |• • • ||ka • • |• di • |• • mi |• • • ||

||**ta** • ka |• di • |mi • **ta** |• ka • ||di • mi |• **ta** • |• • ka |• • • ||

||di • • |• mi • |• • ta |• ka • ||di • |mi |• ta • |ka • di |• mi • || **(05-011V)**

Exercises 3 and 4: Fast Fast Slow, Fast Slow Fast

These are the same durations as exercise 2; only the order changes.

||**ta** • ki |• ṭa • |**ta** • ki |• ṭa •||**ta** • • |• ki • |• • ṭa |• • •||

||**ta** • ka |• di • |mi • **ta** |• ka • ||di • mi |• **ta** • |• • ka |• • • ||

||di • • |• mi • |• • ta |• ka • ||di • |mi |• ta • |ka • di |• mi • ||

||**ta** • • |• ka • |• • di |• • • ||mi • • |• **ta** • |ka • di |• mi • ||

||**ta** • ka |• di • |mi • **ta** |• • • ||ka • • |• di • |• • mi |• • • || **(05-012V)**

Exercise 5: 3 + 1

This one is bland using *ta ki ṭa*, but is more interesting with *ta ka di mi*. The latter phrase must be done three times and takes four cycles of ēka tāḷa, or two cycles of ādi tāḷa.

||**ta** • • |ka • • |di • • |mi • • ||**ta** ka di |mi **ta** • |• ka • |• di • ||

||• mi • |• **ta** ka |di mi **ta** |• • ka ||• • di |• • mi |• • **ta** |ka di mi || **(05-013V)**

Exercise 6: 1 + 3

Again, the *ta ka di mi* phrase makes a more interesting exercise, though the end is bland.

||**ta** ka di |mi **ta** • |• ka • |• di • ||• mi • |• **ta** ka |di mi **ta** |• • ka ||

||• • di |• • mi |• • **ta** |ka di mi ||**ta** • • |ka • • |di • • |mi • •|| **(05-014V)**

Exercise 7: 4 + 3 + 2 + 1

The two phrases generate interesting results in this exercise. The *ta ki ṭa* version produces the same result as it did in tiśra jāti ēka tāḷa, a reduction that takes two-and-a-half cycles of catusra jāti ēka tāḷa, or ten beats. The *ta ka di mi* version resolves after three iterations, taking ten full cycles. Each of them, therefore, could be used effectively as a mōrā in tāḷa cycles of five or ten beats. The *ta ki ṭa* version would be considered a single statement and therefore would be performed three times. The *ta ka di mi* version, which requires three statements to resolve, is already a mōrā.

|| • • • |• • • |**ta** • • |• ki • ||• • ṭa |• • • |**ta** • • |ki • • ||ṭa • • |**ta** • ki |• ṭa • |**ta** ki ṭa || **(05-015V)**

||**ta** • • |• ka • |• • di |• • • ||mi • • |• **ta** • |• ka • |• di • ||

||• mi • |• **ta** • |ka • di |• mi • ||**ta** ka di |mi **ta** • |• • ka |• • • ||

||di • • |• mi • |• • **ta** |• • ka ||• • di |• • mi |• • **ta** |• ka • ||

||di • mi |• **ta** ka |di mi **ta** |• • • ||ka • • |• di • |• • mi |• • • ||

||**ta** • • |ka • • |di • • |mi • • ||**ta** • ka |• di • |mi • **ta** |ka di mi || **(05-016V)**

Each version can also be used to generate a kōrvai by taking the fastest speed as the statement in the kōrvai's mōrā. In the following examples, the fast *ta ki ṭa* becomes a double-time *ta* di_2 *ki ṭa tom*, notated as *t d • k ṭ to*, while the fast *ta ka di mi* becomes tam_3 *ta di ki ṭa tom*, notated as *tm • • t d k ṭ to*.

KŌRVAI 1

ta_4 ki_4 $ṭa_4$ {12 pulses}

ta_3 ki_3 $ṭa_3$ {9 pulses}

ta_2 ki_2 $ṭa_2$ {6 pulses}

(t d • k ṭ to) (t d • k ṭ to) (t d • k ṭ to) {9 pulses}

36 pulses total, 3 cycles of catusra jāti ēka tāḷa, tiśra naḍai **(05-017V)**

KŌRVAI 2

ta_4 ka_4 di_4 mi_4 {16 pulses}

ta_3 ka_3 di_3 mi_3 {12 pulses}

ta_2 ka_2 di_2 mi_2 {8 pulses}

(tm • • t d k ṭ to) (tm • • t d k ṭ to) (tm • • t d k ṭ to) {12 pulses}

48 pulses total, 4 cycles of catusra jāti ēka tāḷa, tiśra naḍai **(05-018V)**

Exercise 8: 1 + 2 + 3 + 4 + 3 + 2 + 1

Using *ta ki ṭa*, this pattern is forty-eight pulses long, four cycles of catusra jāti ēka tāḷa in tiśra naḍai, or two cycles of ādi tāḷa.

||**ta** ki ṭa |**ta** • ki |• ṭa • |**ta** • • ||ki • • |ṭa • • |ta • • |• ki • ||

||• • ṭa |• • • |ta • • |ki • • ||ṭa • • |**ta** • ki |• ṭa • |**ta** ki ṭa || **(05-019V)**

Again, the *ta ka di mi* version, at sixty-four pulses, must be done three times and is a more comprehensive tiśra naḍai exercise. It takes sixteen cycles of catusra jāti ēka tāḷa in tiśra naḍai, or eight cycles of ādi tāḷa. Thorough mastery of this one will help develop concentration, grasp of form, and comfort within tiśra naḍai.

||**ta** ka di |mi **ta** • |ka • di |• mi • ||**ta** • • |ka • • |di • • |mi • • ||**ta** • • |• ka • |• • di |• • • ||

||mi • • |• **ta** • |• ka • |• di • ||• mi • |• **ta** • |ka • di |• mi • ||**ta** ka di |mi **ta** ka |di mi **ta** |• ka • ||

||di • mi |• **ta** • |• ka • |• di • ||• mi • |• **ta** • |• • ka |• • • ||di • • |• mi • |• • **ta** |• • ka ||

||• • di |• • mi |• • **ta** |• ka • ||di • mi |• **ta** ka |di mi **ta** |ka di mi ||**ta** • ka |• di • |mi • **ta** |• • ka ||

||• • di |• • mi |• • **ta** |• • • ||ka • • |• di • |• • mi |• • • ||**ta** • • |ka • • |di • • |mi • • ||

||**ta** • ka |• di • |mi • **ta** |ka di mi || **(05-020V)**

Alternate Phrases

Practice all eight exercises using both phrases, and then try these alternate phrases for three and four.

for *ta ki ṭa*: ta din$_2$, din$_2$ ta, • ta ka

for *ta ka di mi*: ta ka tām$_2$, ta din$_2$ ta, din$_2$ ta ka, tām$_3$ ta

KHAṆḌA NAḌAI

Five, Ten, or Twenty Events per Beat

Before you try the exercises in this section, review the set of patterns that set up the khaṇḍa jāti ēka tāḷa exercise mōrā in chapter 5 of *Solkaṭṭu Manual*. Use the pattern *ta ka ta ki ṭa*. In order to work on these in khaṇḍa naḍai, you will again shift to catusra jāti ēka tāḷa, this time using five syllables per beat:

||**ta** ka ta ki ṭa |**ta** ka ta ki ṭa |**ta** ka ta ki ṭa |**ta** ka ta ki ṭa||

The pulse total is still twenty per cycle; do the same series of exercises as you did with tiśra naḍai.

Exercise 1: Trikāla

TRIKĀLA, VERSION 1: FOUR CYCLES OF EACH SPEED

ta ka ta ki ṭa {16 times}

ta_2 ka_2 ta_2 ki_2 $ṭa_2$ {8 times}

ta_4 ka_4 ta_4 ki_4 $ṭa_4$ {4 times} **(05-021V)**

As you did in the previous set of exercises, begin with the fastest speed. Now halve the speed, making each syllable two pulses long. Notice that the pattern now resolves every two beats, twice per cycle, as follows:

||**ta** • ka • ta |• ki • ṭa • |**ta** • ka • ta |• ki • ṭa • ||

Again, do this for four cycles. The slowest speed halves the rate again, so that each syllable is four pulses long. This pattern resolves once per cycle:

||**ta** • • • ka |• • • ta • |• • ki • • |• ṭa • • • ||

Remember that voicing the third pulse of each group of four may make it easier to feel the interaction of the pattern with the hand gestures:

||**ta** • a • ka |• a • ta • |a • ki • i |• ṭa • a • ||

TRIKĀLA, VERSION 2: FOUR CYCLES OF EACH SPEED **(05-022V)**

ta ka di mi {20 times}

ta_2 ka_2 di_2 mi_2 {10 times}

ta_4 ka_4 di_4 mi_4 {5 times}

The second version of the trikāla in khaṇḍa naḍai changes *ta_4 ka_4 ta_4 ki_4 $ṭa_4$* to *ta ka di mi* (5 times). That is, each four-pulse syllable now becomes a four-syllable phrase. The set of five resolves at the end of one cycle:

||**ta** ka di mi **ta** |ka di mi **ta** ka |di mi **ta** ka di |mi **ta** ka di mi ||

Now halve the speed. The second speed of version 2 resolves after two cycles:

||**ta** • ka • di |• mi • **ta** • |ka • di • mi |• **ta** • ka •||

||di • mi • **ta** |• ka • di • |mi • **ta** • ka |• di • mi •||

The third, slowest speed resolves only at the end of four cycles.

||**ta** • • • ka |• • • di • |• • mi • • |• **ta** • • •||

||ka • • • di |• • • mi • |• • **ta** • • |• ka • • •||

||di • • • mi |• • • **ta** • |• • ka • • |• di • • •||

||mi • • • **ta** |• • • ka • |• • di • • |• mi • • •||

Exercise 2: Slow Fast Fast

Work on each of the next exercises using both *ta ka ta ki ṭa* and *ta ka di mi*. The latter will challenge you more than the former, and it will help you develop firm control of khaṇḍa naḍai.

Second Speed Once, First Speed Twice

ta ka ta ki ṭa: each time through takes one cycle, so do it four times for four cycles:

||**ta** • ka • ta |• ki • ṭa • |**ta** ka ta ki ṭa | **ta** ka ta ki ṭa || **(05-023V)**

ta ka di mi: each sixteen-pulse group takes four-fifths of a cycle (twelve plus four), so five times through takes four cycles.

||**ta** • ka • di |• mi • **ta** ka |di mi **ta** ka di |mi **ta** • ka • ||

||di • mi • **ta** |ka di mi **ta** ka |di mi **ta** • ka |• di • mi • ||

||**ta** ka di mi **ta** |ka di mi **ta** • |ka • di • mi |• **ta** ka di mi ||

||**ta** ka di mi **ta** |• ka • di • |mi • **ta** ka di |mi **ta** ka di mi || **(05-024V)**

Third Speed Once, Second Speed Twice

These take twice as long as the previous exercises, two cycles for *ta ka ta ki ṭa*, eight cycles for *ta ka di mi*. Both are well suited for ādi tāḷa as well as ēka tāḷa.

||**ta** • • • ka |• • • ta • |• • ki • • |• ṭa • • • |**ta** • ka • ta |• ki • ṭa • |**ta** • ka • ta |• ki • ṭa •|| **(05-025V)**

||**ta** • • • ka |• • • di • |• • mi • • |• **ta** • ka • ||

||di • mi • **ta** |• ka • di • |mi • **ta** • • |• ka • • • ||

||di • • • mi |• • • **ta** • |ka • di • mi |• **ta** • ka • ||

||di • mi • **ta** |• • • ka • |• • di • • |• mi • • • ||

||**ta** • ka • di |• mi • **ta** • |ka • di • mi |• **ta** • • • ||

||ka • • • di |• • • mi • |• • **ta** • ka |• di • mi • ||

||**ta** • ka • di |• mi • **ta** • |• • ka • • |• di • • • ||

||mi • • • **ta** |• ka • di • |mi • **ta** • ka |• di • mi • || **(05-026V)**

Exercises 3 and 4: Fast Fast Slow, Fast Slow Fast

These are the same durations as exercise 2, only the order changes. In exercise 4 remember that the phrase begins and ends with a fast pattern. The *ta ka di mi* version requires alertness to keep track of the beginning and ending of each group.

Fast Fast Slow

||**ta** • ka • di |• mi • **ta** • |ka • di • mi |• **ta** • • • ||

||ka • • • di |• • • mi • |• • **ta** • ka |• di • mi • ||

||**ta** • ka • di |• mi • **ta** • |• • ka • • |• di • • • ||

||mi • • • **ta** |• ka • di • |mi • **ta** • ka |• di • mi • ||

||**ta** • • • ka |• • • di • |• • mi • • |• **ta** • ka • ||

||di • mi • **ta** |• ka • di • |mi • **ta** • • |• ka • • • ||

||di • • • mi |• • • **ta** • |ka • di • mi |• **ta** • ka • ||

||di • mi • **ta** |• • • ka • |• • di • • |• mi • • • || **(05-027V)**

Fast Slow Fast

||**ta** • ka • di |• mi • **ta** • |• • ka • • |• di • • • ||

||mi • • • **ta** |• ka • di • |mi • **ta** • ka |• di • mi • ||

||**ta** • • • ka |• • • di • |• • mi • • |• **ta** • ka • ||

||di • mi • **ta** |• ka • di • |mi • **ta** • • |• ka • • • ||

||di • • • mi |• • • **ta** • |ka • di • mi |• **ta** • ka • ||

||di • mi • **ta** |• • • ka • |• • di • • |• mi • • • ||

||**ta** • ka • di |• mi • **ta** • |ka • di • mi |• **ta** • • • ||

||ka • • • di |• • • mi • |• • **ta** • ka | • di • mi • || **(05-028V)**

Exercise 5: 3 + 1

This one was bland in tiśra naḍai; the phrase *ta ki ṭa* matched the naḍai and lacked tension. It is much more interesting in khaṇḍa naḍai.

||**ta** • • ka • |• ta • • ki |• • ṭa • • |**ta** ka ta ki ṭa||

The corresponding exercise using *ta ka di mi*, *ta*$_3$ *ka*$_3$ *di*$_3$ *mi*$_3$ *ta ka di mi* is sixteen pulses long and requires five iterations, eighty pulses, to fill four cycles of catusra ēka tāḷa or two cycles of ādi tāḷa.

||**ta** • • ka • |• di • • mi |• • **ta** ka di |mi **ta** • • ka ||• • di • • |mi • • **ta** ka |di mi **ta** • • |ka • • di • ||

||• mi • • **ta** |ka di mi **ta** • |• ka • • di |• • mi • • ||**ta** ka di mi **ta** |• • ka • • |di • • mi • |• **ta** ka di mi **(05-029V)**

Exercise 6: 1 + 3

Simply reverse the order of the phrases in exercise 5.

||**ta** ka ta ki ṭa |**ta** • • ka • |• ta • • ki |• • ṭa • • ||

and

||**ta** ka di mi **ta** |• • ka • • |di • • mi • |• **ta** ka di mi ||**ta** • • ka • |• di • • mi |• • **ta** ka di |mi **ta** • • ka ||

||• • di • • |mi • • **ta** ka |di mi **ta** • • |ka • • di • ||• mi • • **ta** |ka di mi **ta** • |• ka • • di |• • mi • • || **(05-030V)**

Exercise 7: 4 + 3 + 2 + 1

The *ta ka ta ki ṭa* version produces the same result as it did in khaṇḍa jāti ēka tāḷa, a reduction that takes two-and-a-half cycles of catusra jāti ēka tāḷa, or ten beats. It can be used as the statement in a thirty-beat mōrā; this fits evenly in a three-beat khaṇḍa naḍai cycle (six cycles at fifteen pulses per cycle), or a five- or ten-beat cycle.

||• • • • • |• • • • • |**ta** • • • ka |• • • ta • ||

||• • ki • • |• ṭa • • • |**ta** • • ka • |• ta • • ki ||

||• • ṭa • • |**ta** • ka • ta| • ki • ṭa • |**ta** ka ta ki ṭa || **(05-031V)**

It could also be used in ādi tāḷa or catusra jāti ēka tāḷa by inserting a five-pulse gap [*tām*$_5$] after the first and second statements.

ĀDI TĀḶA

||(**ta** • • • ka |• • • ta • |• • ki • • |• ṭa • • • ||**ta** • • ka • |• ta • • ki ||• • ṭa • • |**ta** • ka • ta ||

||• ki • ṭa • |**ta** ka ta ki ṭa) ||**[tām• • • •]**||(**ta** • • • ka ||• • • ta • |• • ki • • ||• ṭa • • • |**ta** • • ka • ||

||• ta • • ki |• • ṭa • • |**ta** • ka • ta| • ki • ṭa • ||**ta** ka ta ki ṭa) ||**[tām• • • •]**||(**ta** • • • ka |• • • ta • ||

||• • ki • • |• ṭa • • • |**ta** • • ka • |• ta • • ki ||• • ṭa • • |**ta** • ka • ta|| • ki • ṭa • |**ta** ka ta ki ṭa) ||
(05-032V)

This pattern can also be used to generate a kōrvai that fits neatly into a three-, six-, or nine-beat tāḷa cycle in khaṇḍa naḍai. First, take the fastest speed as the statement in the kōrvai's mōrā. Next, change the phrase to *ta di ki ṭa tom* throughout.

ta$_4$ di$_4$ ki$_4$ ṭa$_4$ tōm$_4$ {20 pulses}

ta$_3$ di$_3$ ki$_3$ ṭa$_3$ tōm$_3$ {15 pulses}

ta$_2$ di$_2$ ki$_2$ ṭa$_2$ tōm$_2$ {10 pulses}

(ta di ki ṭa tom) (ta di ki ṭa tom) (ta di ki ṭa tom) {15 pulses, 60 total pulses}

The pulse total is sixty, twelve beats at five pulses per beat. Here it is in tiśra jāti ēka tāḷa, khaṇḍa naḍai, two cycles per line:

||**ta** • • • di |• • • ki • |• • ṭa • • ||• tōm • • • |**ta** • • di • |• ki • • ṭa ||

||• • tōm • • |**ta** • di • ki |• ṭa • tōm • ||(**ta** di ki ṭa tom) |(**ta** di ki ṭa tom) |(**ta** di ki ṭa tom)||
(05-033V)

The *ta ka di mi* version, at forty pulses, fits two cycles of catusra ēka tāḷa or one cycle of ādi tāḷa.

||**ta** ka di mi **ta** |• ka • di • |mi • **ta** • • |ka • • di • ||• mi • • **ta** |• • • ka • |• • di • • |• mi
• • • || **(05-034V)**

Exercise 8: 1 + 2 + 3 + 4 + 3 + 2 + 1

Using *ta ka ta ki ṭa*, this pattern is eighty pulses long, four cycles of catusra ēka tāḷa or two cycles of ādi tāḷa. Keep in mind that you worked on the last four iterations, *ta$_4$ ka$_4$ di$_4$ mi$_4$ ta$_3$ ka$_3$ di$_3$ mi$_3$ ta$_2$ ka$_2$ di$_2$ mi$_2$ ta ka di mi* in exercise 7. As I suggested in the first chapter, it is always helpful to start at the end and work backward.

||**ta** ka ta ki ṭa |**ta** • ka • ta |• ki • ṭa • |**ta** • • ka • ||• ta • • ki |• • ṭa • • |**ta** • • • ka |• • • ta • ||

||• • ki • • |• ṭa • • • |**ta** • • ka • |• ta • • ki ||• • ṭa • • |**ta** • ka • ta |• ki • ṭa • |**ta** ka ta ki ṭa ||
(05-035V)

The switch to *ta ka di mi* generates the most challenging exercise in this section. The sixty-four-pulse pattern must be stated five times in order to fit either catusra ēka tāḷa or ādi tāḷa. The pulse total is three hundred twenty. I strongly recommend learning this one beginning with the last iteration of the 1–2–3–4–3–2–1 pattern and working backward through the design. There *are* landmarks, and you will, with sufficient practice, find the underlying logic.

||**ta ka di mi ta** |• ka • di • |mi • **ta** • • |ka • • di • ||• mi • • **ta** |• • • ka • |• • di • • |• mi • • • ||

||**ta** • • ka • |• di • • mi |• • **ta** • ka |• di • mi • ||**ta** ka di mi **ta** |**ka di mi ta** • |ka • di • mi |• **ta** • • ka ||

||• • di • • |mi • • **ta** • |• • ka • • |• di • • • ||mi • • • **ta** |• • ka • • |di • • mi • |• **ta** • ka • ||

||di • mi • **ta** |ka di mi **ta ka** |**di mi ta** • ka |• di • mi • ||**ta** • • ka • |• di • • mi |• • **ta** • • |• ka • • • ||

||di • • • mi |• • • **ta** • |• ka • • di |• • mi • • ||**ta** • ka • di |• mi • **ta** ka |di mi **ta ka di** |**mi ta** • ka • ||

||di • mi • **ta** |• • ka • • |di • • mi • |• **ta** • • • ||ka • • • di |• • • mi • |• • **ta** • • |ka • • di • ||

||• mi • • **ta** |• ka • di • |mi • **ta** ka di |mi **ta ka di mi** ||**ta** • ka • di |• mi • **ta** • |• ka • • di |• • mi • • ||

||**ta** • • • ka |• • • di • |• • mi • • |• **ta** • • ka ||• • di • • |mi • • **ta** • |ka • di • mi |• **ta** ka di mi || **(05-036V)**

Alternate Phrases

Practice all eight exercises and then try these alternate phrases for the five- and four-pulse phrases.

for *ta ka ta ki ṭa*: ta di ki ṭa tom, din_2 ta ki ṭa, din_2 tan_2 gu

for *ta ka di mi*: ta ka tām_2, ta din_2 ta, din_2 ta ka, tām_3 ta

6 · MIŚRA CAPU TĀḶA

Miśra capu tāḷa, important as it is in Karṇāṭak music, does not occur in the thirty-five-tāḷa system. It uses only two hand gestures: claps with the palm up on beats one and two, and with the palm down on four and six. Some musicians insist that the first palm-up gesture should be a silent wave of the hand, and that the second palm-up clap, on beat two, should be omitted. This makes it appear identical to the *rupak tal* of Hindustani music. Most musicians, and certainly most percussionists, use four sounded claps, as described previously.

Given the complexity of the thirty-five tāḷas, in duration and hand-gesture patterns, it may seem surprising that miśra capu, with its relatively brief (fourteen pulses per cycle) duration and simple yet asymmetrical hand gestures, is so important in Karṇāṭak music. Its origin is obscure: discussions on the subject amount to educated guesses, none of which has prevailed among musicians and musicologists. I first heard it described as having come from Tamil folk music, which seemed plausible until I heard enough folk music to notice that most of it is in a layered, polyrhythmic duple/triple meter. It calls West African music to mind more readily than Karṇāṭak music, especially when one sees the dances it is designed to accompany.

Another way of accounting for miśra capu's history is to claim that it is nothing more than a sped-up version of tiśra jāti triputa tāḷa, the seven-beat iteration of triputa tāḷa: a three-beat laghu followed by two clap-and-wave drutam. This account also seems plausible; there are some songs, especially from the repertoire of bharata nāṭyam, whose *kalapramanam* (appropriate tempo) would allow the use of either tāḷa, and performance practice varies between them. The problem is that miśra capu, as one of four capu tāḷas,[23] almost certainly predates the thirty-five-tāḷa system; this account appears to have the matter backward. Fortunately, this tāḷa's origin story, while an interesting subject for speculation, has little bearing on the present purpose, which is to construct a tani āvartanam in miśra capu.

The introductory studies for miśra capu comprise the preparatory material for the miśra jāti ēka tāḷa exercise mōrās in chapter 5 of *Solkaṭṭu Manual*, with one refinement. The seven exercises outlined in that chapter use the phrase *ta ka di mi ta ki ta*: trikāla, slow fast fast, fast fast slow, fast

23. The others are tiśra capu (three two-pulse beats), khaṇḍa capu (five two-pulse beats), and sankīrṇa capu (nine two-pulse beats). All four occur in the *tiruppugaẕ* of the sixteenth-century composer Arunagirinadar, and some are used to count tāḷa in the *tēvāram* hymns of the seventh through ninth centuries. Tāḷas in both genres emerge directly from the poetic meters of their texts.

slow fast, three plus one, one plus three, and four-three-two-one. The refinement is the addition of the one-two-three-four-three-two-one exercise described in chapter 5 of this volume. Practice these until the gestures for miśra capu are comfortable.

Some of the material I have chosen for this miśra capu tani āvartanam may be thought of as *native* to the tāḷa, by which I mean its pulse total is a multiple of fourteen. Other material is *imported* from other tāḷas or metric contexts; its use here demonstrates the modes of transformation I discussed in the beginning of this book.

Why use patterns from other tāḷas when we could compose new material just for this tāḷa? I have described a tāḷa as a charged field that exerts a kind of gravitational pull on whatever patterns happen within it.[24] A more somatic metaphor, which I introduced in the introduction, is that the pattern and the tāḷa are *dancing* together. One has only to work through these sections to experience this dance personally. I strongly recommend the use of an electronic aid, at least in the beginning stages.

OPENING SECTION

The first stage of this miśra capu tani uses the same mōrās that appeared in *Solkaṭṭu Manual*, chapter 6. Those mōrās, at twenty-four pulses each, were designed by Palani Subramania Pillai to fit neatly into rūpaka tāḷa or tiśra naḍai ādi tāḷa. Palani loved to generate tension by importing material generated in one metric context into another. These mōrās served my pedagogical purpose in *Solkaṭṭu Manual* by introducing students to such creative tension quite early in the process. I have altered them here so that they fit evenly into the fourteen-pulse cycle. The natural asymmetry of miśra capu provides ample tension and an opportunity to reconsider the gōpucca, srotovahā, and compound mōrās.

The Final Tām

The earliest attempts by non-Indian scholars to uncover the structure of Karṇāṭak rhythmic designs encountered difficulty in accounting for the final stroke or syllable of a mōrā or kōrvai. Here are two examples. The first comprises three five-pulse statements with gaps of zero, while the second uses three four-pulse statements and two two-pulse gaps.

FIRST MŌRĀ
(ta di ki ṭa tom) (ta di ki ṭa tom) (ta di ki ṭa tom) **tām** {15 pulses}

SECOND MŌRĀ
(ta ka din ta) [tām_2] (ta ka din ta) [tām_2] (ta ka din ta) **tām** {16 pulses}

Both mōrās end on the same final syllable, *tām*, but the final syllable is not considered part of the design and does not figure into the pulse calculation. It is instead a resolution to the *eḍuppu*, the

24. Nelson, 1991, vol. 1, 6.

point in the tāḷa at which the song text begins. It may be useful to think of it as having a double function: the final accent of the mōrā, and the beginning of the next structural element in the tani. Here are the two mōrās in catusra ēka tāḷa, catusra naḍai. The first one occupies the last fifteen pulses of the cycle; the second, the full cycle. Note that the final *tām* is the first pulse of the next cycle.

FIRST MŌRĀ

||• (ta di ki |ṭa tom) (ta di |ki ṭa tom) (ta |di ki ṭa tom)|| **tām** {15 pulses}

SECOND MŌRĀ

||(ta ka din ta) ||[tām$_2$] (ta ka |din ta) [tām$_2$] |(ta ka din ta)|| **tām** {16 pulses}

The final *tām* is a feature of every mōrā, arudi, kōrvai, and koraippu turn. I do not include it in the notation of these figures; it is implied in all of them. It occurs at the end of the last statement in a mōrā or arudi. In a kōrvai it comes at the end of the last iteration. In a koraippu it happens at the end of each player's turn. I have notated it in the koraippu because it functions as the end of one player's turn and the beginning of the otherwise silent lead-in to the next player's turn. In this case, it should be voiced by the player whose turn is finishing, not by the player who is about to begin.

The opening sarvalaghu is based on the ādi tāḷa archetype *ta$_2$ din$_2$ din$_2$ na$_2$*, adapted here to fit this fourteen-pulse cycle. As in ādi tāḷa, the eight-pulse *e* figure introduces the phrase that will be the mōrā's statement: • • *ta ta kṭ tom tom ta*

Stage 1

ELEMENTS

a. ta$_2$ din$_2$ na$_2$

b$_6$. ta ka din$_2$ na$_2$

b$_8$. ta ka din$_2$ din$_2$ na$_2$

c. •$_2$ din$_2$ na$_2$

d$_6$. kṭ tk din$_2$ na$_2$

d$_8$. kṭ tk din$_2$ din$_2$ na$_2$

e. •$_2$ ta ta kṭ tom tom ta

Sequences

STAGE 1 (TWICE)

a b$_8$ c d$_8$

a b$_8$ c e

STAGE 2 (TWICE)

Stage 2 comprises just the second half of stage 1, {a b_8 c e}, introducing *ta ta kṭ tom tom ta* at the end of each cycle.

STAGE 3

Stage 3 introduces the phrase in the last four beats of each cycle, using six-pulse variations of b_8 and d_8 (b_6 and d_6 in the example) of the sarvalaghu to set them up {a e b_6 e c e d_6 e}.

Here is the composition so far:

Stage 1. {a b_8 c d_8 a b_8 c e}, twice

Stage 2. {a b_8 c e}, twice

Stage 3. {a e b_6 e c e d_6 e}

Now we can add the first mōrā. Its statement is the six-pulse *ta ta kṭ tom tom ta*, without the initial two-pulse rest that made it fit so neatly into the sarvalaghu setup.

s = 6, (ta ta kṭ tom tom ta)

The gap in this case is the five-pulse *tām*$_5$.

g = 5, [tām$_5$]

The mōrā, then, is (6) [5] (6) [5] (6), or twenty-eight pulses.

Here is the full composition, including the first mōrā.

Miśra Capu Mōrā 1 ***(06-037V)***

Stage 1. {a b_8 c d_8 a b_8 c e}, twice

Stage 2. {a b_8 c e}, twice

Stage 3. {a e b_6 e c e d_6 e}

MŌRĀ 1

(ta ta kṭ tom tom ta) [tām$_5$] (ta ta kṭ tom tom ta) [tām$_5$] (ta ta kṭ tom tom ta)

Practice Tip: Voice the five-pulse gap as a two plus three figure, tā m ta ki ta, with the ta ki ta counted silently.

VARIATIONS ON THE FIRST MŌRĀ

These are the variations that appeared in the corresponding series of mōrās in chapter 6 of *Solkaṭṭu Manual*. Remember that the five statements of the mōrā's variations do not diminish in a precise arithmetical progression, for example, six, five, four, three, two, one. Instead, the reduction is six, four, three, two, one, a total of sixteen pulses. And since five statements require four gaps, three-pulse gaps generate twenty-eight-pulse figures, the same as the original mōrā, mōrā 1 in the example.

VARIATION 1: GŌPUCCA (LONG TO SHORT) **(06-038V)**

s_1 (ta ta kṭ tom tom ta) [tām$_3$] {6 + 3}

s_2 (kṭ tom tom ta) [tām$_3$] {4 + 3}

s_3 (tom tom ta) [tām$_3$] {3 + 3}

s_4 (tom ta) [tām$_3$] {2 + 3}

s_5 (ta) {1}

Variation 2 reverses the order of the statements, expanding rather than contracting them.

VARIATION 2: SROTOVAHĀ (SHORT TO LONG) **(06-039V)**

(ta) [tām$_3$] {1 + 3}

(tom ta) [tām$_3$] {2 + 3}

(tom tom ta) [tām$_3$] {3 + 3}

(kṭ tom tom ta) [tām$_3$] {4 + 3}

(ta ta kṭ tom tom ta) {6}

This set of mōrās lends itself to the same series of five compound mōrās found in *Solkaṭṭu Manual*. chapter 6: sama yati three times; gōpucca yati three times; srotovahā yati three times; damaru yati (gōpucca, sama, srotovahā, once each), and mṛdaṅga yati (srotovahā, sama, gōpucca, once each). Since each simple mōrā comprises twenty-eight pulses, there is no need to alter stage 3. Each, whether simple or compound, starts on the sama (or *eḍuppu*).[25]

Another way to perform the compound mōrās involves inserting seven-pulse gaps among the three iterations. The example that follows uses the sama yati version (original mōrā three times). Note that the second iteration now begins seven pulses after the sama, the middle of the cycle, while the first and third iterations begin on the sama.

||((ta ta ||kṭ tom |tom ta) ||[tām • |• • ||•] (ta |ta kṭ ||

||tom tom ||ta) [tām |• • ||• •] |(ta ta ||kṭ tom |tom ta))||

||[tām • ||• • |• • ||•] ((ta |ta kṭ ||tom tom |ta) [tām ||

||• • ||• •] |(ta ta ||kṭ tom |tom ta) ||[tām • |• • ||

||•] (ta ||ta kṭ |tom tom ||ta)) [tām |• • ||• • |• •]||

25. *Eḍuppu* (to pick up) and *iḍam* (the place) are Tamil words that indicate the resolution point in the cycle, the pulse at which the song text begins.

||((ta ta ||kṭ tom |tom ta) ||[tām • |• • ||•] (ta |ta kṭ ||

||tom tom ||ta) [tām |• • ||• •] (|ta ta ||kṭ tom |tom ta))||

Follow the end of this set of mōrās with the following arudi:

||(tk tr ||kṭ tom |tom ta) ||[tām$_2$ |tr kṭ ||tk] (tk |tr kṭ ||

||tom tom ||ta) [tām|$_2$ tr ||kṭ tk] (|tk tr ||kṭ tom |tom ta)||

Like the arudi used in *Solkaṭṭu Manual*, this is derived from the original fourteen-pulse mōrā, with the statements and gaps filled out using double-time phrases.

SECOND MŌRĀ SERIES

While much of the material Karṇāṭak drummers use is specific to a particular style, for example, Pudukottai or Tanjavur, some figures are so widely used that virtually every drummer knows them. These are quite valuable when performing with drummers one does not know. As soon as the mṛdaṅgam player begins one of these familiar figures, the other drummers know what is coming next and can join in, making for energetic and effective interaction. The twelve-pulse mōrā that follows is an example of such a figure. As we will see, its simplicity invites many possible variations and applications to different metric contexts. The gap in this simple mōrā is zero.

(tr kṭ tom) {3 pulses}

(tk tr kṭ tom) {4 pulses}

(kṭ tk tr kṭ tom) {5 pulses}

This mōrā is so brief and simple that it can barely exist on its own. It is often the basis of compound mōrās, enabling musicians to play with the order, increase the gaps beyond zero, and otherwise manipulate its structure. The version detailed in this section is designed for miśra capu tāḷa from the original twelve-pulse mōrā. The insertion of a one-pulse gap [•] makes it fourteen pulses, as follows:

(tr kṭ tom) [•] (tk tr kṭ tom) [•] (kṭ tk tr kṭ tom)

The following set of simple and compound mōrās shows many possible ways to use this simple structure in miśra capu tāḷa. I have organized these mōrās first by simple and compound, and then by ways of transforming them by manipulating statements and gaps. The subscript number after each statement and gap symbol indicates its pulse value.

Version 1

(s_3) = tr kṭ tom

(s_4) = tk tr kṭ tom

(s_5) = kṭ tk tr kṭ tom

$[g_1]$ = [•]

$[g_2]$ = [• •]

Simple: Each Mōrā Fourteen Pulses ***(06-040V)***

1
$(s_3)\ [g_1]\ (s_4)\ [g_1]\ (s_5)$

2
$(s_5)\ [g_1]\ (s_4)\ [g_1]\ (s_3)$

3
$(s_4)\ [g_1]\ (s_4)\ [g_1]\ (s_4)$

Compound: Each Mōrā Forty-Two Pulses ***(06-041V)***

1
$((s_3)\ [g_1]\ (s_4)\ [g_1]\ (s_5))\ ((s_3)\ [g_1]\ (s_4)\ [g_1]\ (s_5))\ ((s_3)\ [g_1]\ (s_4)\ [g_1]\ (s_5))$

2
$((s_5)\ [g_1]\ (s_4)\ [g_1]\ (s_3))\ ((s_5)\ [g_1]\ (s_4)\ [g_1]\ (s_3))\ ((s_5)\ [g_1]\ (s_4)\ [g_1]\ (s_3))$

3
$((s_4)\ [g_1]\ (s_4)\ [g_1]\ (s_4))\ ((s_4)\ [g_1]\ (s_4)\ [g_1]\ (s_4))\ ((s_4)\ [g_1]\ (s_4)\ [g_1]\ (s_4))$

4
$((s_3)\ [g_1]\ (s_4)\ [g_1]\ (s_5))\ ((s_4)\ [g_1]\ (s_4)\ [g_1]\ (s_4))\ ((s_5)\ [g_1]\ (s_4)\ [g_1]\ (s_3))$

5
$((s_5)\ [g_1]\ (s_4)\ [g_1]\ (s_3))\ ((s_4)\ [g_1]\ (s_4)\ [g_1]\ (s_4))\ ((s_3)\ [g_1]\ (s_4)\ [g_1]\ (s_5))$

6
$((s_3)\ [g_1]\ (s_3)\ [g_1]\ (s_3))\ ((s_4)\ [g_1]\ (s_4)\ [g_1]\ (s_4))\ ((s_5)\ [g_1]\ (s_5)\ [g_1]\ (s_5))$

7
$((s_5)\ [g_1]\ (s_5)\ [g_1]\ (s_5))\ ((s_4)\ [g_1]\ (s_4)\ [g_1]\ (s_4))\ ((s_3)\ [g_1]\ (s_3)\ [g_1]\ (s_3))$

Changing Gaps: Long to Short

The preceding seven compound mōrās exhaust the possibilities suggested by the original fourteen-pulse figure. Each comprises forty-two pulses, and therefore fits perfectly into three cycles of the tāḷa. We can expand the same seven into two more possible sets by expanding and contracting the gaps. Remember that the gaps must be consistent within each simple mōrā whether it stands on its own or acts as a statement in a compound mōrā. But the gaps can expand and contract from one compound mōrā statement to the next in the same orderly way that the simple mōrā statements can. Notice that the second statement in each compound mōrā is fourteen pulses.

The expansion or contraction is always incremental. If the gaps are contracting, each of the first statement gaps is one pulse longer than those of the second statement; each of the third statement gaps is one pulse shorter. The total is still forty-two, but they fit into the tāḷa differently. The statement with the three-pulse gaps, at sixteen pulses, is always eight beats long, while the one with gaps of zero is always six beats long. As usual, it is one thing to explain it, another to master it.

1 **(06-042V)**
((s_3) [g_2] (s_4) [g_2] (s_5)) ((s_3) [g_1] (s_4) [g_1] (s_5)) ((s_3) (s_4) (s_5))

2
((s_5) [g_2] (s_4) [g_2] (s_3)) ((s_5) [g_1] (s_4) [g_1] (s_3)) ((s_5) (s_4) (s_3))

3
((s_4) [g_2] (s_4) [g_2] (s_4)) ((s_4) [g_1] (s_4) [g_1] (s_4)) ((s_4) (s_4) (s_4))

4
((s_3) [g_2] (s_4) [g_2] (s_5)) ((s_4) [g_1] (s_4) [g_1] (s_4)) ((s_5) (s_4) (s_3))

5
((s_5) [g_2] (s_4) [g_2] (s_3)) ((s_4) [g_1] (s_4) [g_1] (s_4)) ((s_3) (s_4) (s_5))

6
((s_3) [g_2] (s_3) [g_2] (s_3)) ((s_4) [g_1] (s_4) [g_1] (s_4)) ((s_5) (s_5) (s_5))

7
((s_5) [g_2] (s_5) [g_2] (s_5)) ((s_4) [g_1] (s_4) [g_1] (s_4)) ((s_3) (s_3) (s_3))

Changing Gaps: Short to Long

1 **(06-043V)**
((s_3) (s_4) (s_5)) ((s_3) [g_1] (s_4) [g_1] (s_5)) ((s_3) [g_2] (s_4) [g_2] (s_5))

2
((s_5) (s_4) (s_3)) ((s_5) [g_1] (s_4) [g_1] (s_3)) ((s_5) [g_2] (s_4) [g_2] (s_3))

3
$((s_4)\ (s_4)\ (s_4))\ ((s_4)\ [g_1]\ (s_4)\ [g_1]\ (s_4))\ ((s_4)\ [g_2]\ (s_4)\ [g_2]\ (s_4))$

4
$((s_3)\ (s_4)\ (s_5))\ ((s_4)\ [g_1]\ (s_4)\ [g_1]\ (s_4))\ ((s_5)\ [g_2]\ (s_4)\ [g_2]\ (s_3))$

5
$((s_5)\ (s_4)\ (s_3))\ ((s_4)\ [g_1]\ (s_4)\ [g_1]\ (s_4))\ ((s_3)\ [g_2]\ (s_4)\ [g_2]\ (s_5))$

6
$((s_3)\ (s_3)\ (s_3))\ ((s_4)\ [g_1]\ (s_4)\ [g_1]\ (s_4))\ ((s_5)\ [g_2]\ (s_5)\ [g_2]\ (s_5))$

7
$((s_5)\ (s_5)\ (s_5))\ ((s_4)\ [g_1]\ (s_4)\ [g_1]\ (s_4))\ ((s_3)\ [g_2]\ (s_3)\ [g_2]\ (s_3))$

Version 2

We can generate another series of compound mōrās by removing the one- and two-pulse gaps from the individual mōrā statements and inserting three-pulse gaps among the twelve-pulse statements. This makes forty-two pulses, which fits three cycles in catusra naḍai, and two cycles in tiśra naḍai.

$[g_3] = [\text{tām}_3]$

1 **(06-044V)**
$((s_3)\ (s_4)\ (s_5))\ [g_3]\ ((s_3)\ (s_4)\ (s_5))\ [g_3]\ ((s_3)\ (s_4)\ (s_5))$

2
$((s_5)\ (s_4)\ (s_3))\ [g_3]\ ((s_5)\ (s_4)\ (s_3))\ [g_3]\ ((s_5)\ (s_4)\ (s_3))$

3
$((s_4)\ (s_4)\ (s_4))\ [g_3]\ ((s_4)\ (s_4)\ (s_4))\ [g_3]\ ((s_4)\ (s_4)\ (s_4))$

4
$((s_3)\ (s_4)\ (s_5))\ [g_3]\ ((s_4)\ (s_4)\ (s_4))\ [g_3]\ ((s_5)\ (s_4)\ (s_3))$

5
$((s_5)\ (s_4)\ (s_3))\ [g_3]\ ((s_4)\ (s_4)\ (s_4))\ [g_3]\ ((s_3)\ (s_4)\ (s_5))$

6
$((s_3)\ (s_3)\ (s_3))\ [g_3]\ ((s_4)\ (s_4)\ (s_4))\ [g_3]\ ((s_5)\ (s_5)\ (s_5))$

7
$((s_5)\ (s_5)\ (s_5))\ [g_3]\ ((s_4)\ (s_4)\ (s_4))\ [g_3]\ ((s_3)\ (s_3)\ (s_3))$

Sarvalaghu for the Small Mōrās

a. din_2 ta ta jo ṇu

b. din_2 ta na ta ta jo ṇu

c. jo ṇu ta ta jo ṇu

d. jo ṇu ta na ta ta jo ṇu

Notice that lines *a* and *c* comprise six pulses each, while *b* and *d* make eight pulses each. How we combine these depends on which mōrā is being introduced. For example, if we are introducing mōrā version 1, in which each gap is one pulse:

(s_3) [g_1] (s_4) [g_1] (s_5)

Each iteration is fourteen pulses. We need to alternate only the six-pulse phrases (*a* or *c*) with their corresponding eight-note phrases (*b* or *d*).

If we are introducing version 1 mōrās in which the gaps increase from zero to one or two or decrease from two to one to zero, the setup needs to reflect that change. The zero-gap version, at twelve pulses,

(tr kṭ tom) {3 pulses}

(tk tr kṭ tom) {4 pulses}

(kṭ tk tr kṭ tom) {5 pulses}

requires a sixteen-pulse sarvalaghu figure, *b* + *d*, to introduce it. By the same logic, the sixteen-pulse iteration needs a twelve-pulse lead-in, *a* + c.

(tr kṭ tom) [• •]

(tk tr kṭ tom) [• •]

(kṭ tk tr kṭ tom)

Here is a setup that introduces each of the three versions in turn. Each four-cycle group begins with two cycles of sarvalaghu. The changing lead-in figures are italicized in the example that follows.

Elements

a. din_2 ta ta jo ṇu

b. din_2 ta na ta ta jo ṇu

c. jo ṇu ta ta jo ṇu

d. jo ṇu ta na ta ta jo ṇu

Sequences ***(06-045V)***

1

a b c d {28 pulses} a b c d {28 pulses}

b d {16 pulses}

(s_3) (s_4) (s_5) {12 pulses}

2

a b c d {28 pulses} a b c d {28 pulses}

a d {14 pulses}

(s_3) [g_1] (s_4) [g_1] (s_5) {14 pulses}

3

a b c d {28 pulses} a b c d {28 pulses}

a c {12 pulses}

(s_3) [g_2] (s_4) [g_2] (s_5) {16 pulses}

KŌRVAI FROM *SOLKAṬṬU MANUAL* CHAPTER 8, ADAPTED FOR MIŚRA CAPU

Chapter 4 outlines the origins of the miśra capu version of this kōrvai. The original ādi tāḷa version comprised ninety-six pulses (6∗16), while the target pulse total for miśra capu is one hundred twelve (7∗16), or sixteen more. The structure is the same:

a b c d

a b c d

a b c d

  b c d

  b (c) [d]

    (c) [d]

    (c)

Notice that line *a* happens three times, and that line *b* happens five times, including the three times it follows *a*. If we add two pulses to each of these, we have added sixteen, and now have a version that fits miśra capu tāḷa perfectly. The added pulses are in bold as follows:

Simplified Version

a. ***ta ka*** ta ki ṭa tōm_2 ta din gi ṇa tom {12 pulses}

b. ***ta*** jo ṇu ***ta*** jo ṇu {6 pulses}

c. tōm_2 ta_2 {4 pulses}

d. tām_3 {3 pulses}

We can generate a filled-out version by adding the phrase ***tr gḍ*** to line *a*, and changing line *b* to the phrase ***tr gḍ tk jn*** ta_2:

Filled-Out Version ***(06-046V)***

a. ***tr gḍ*** ta_2 tr gg tr gḍ dk tk tr gḍ {12 pulses}

b. ***tr gḍ tk jn*** ta_2 {6 pulses}

c. tōm_2 ta_2 {4 pulses}

d. tām_3 {3 pulses}

Lines *c* and *d* remain unchanged. Since all the variations involve expansions and contractions of line *c*, these are still in play. The sarvalaghu setup for this new composition is a variation on the archetype ta_2 din_2 din_2 na_2, expanded to fourteen pulses in order to fit one full cycle of miśra capu:

a. ta_3 din_3 din_3 na_3 ki ṭa

b. ta ta ku din_3 din_3 na_3 ki ṭa

c. $\bullet_3$ din_3 din_3 na_3 ki ṭa

d. tām_2 **ta ka ta ki ṭa** $\textbf{tōm}_2$ **ta din gi ṇa tom** (for the simplified version), or

d. tām_2 **tr gḍ** $\textbf{ta}_2$ **tr gg tr gḍ dk tk tr gḍ** (for the filled-out version)

The following sequence introduces line *d*, the first line of the kōrvai, at the end of five cycles (stage 1), at the end of three cycles (stage 2), at the end of two cycles (stage 3), and finally at the end of each cycle: **(06-047V)**

Stage 1

a b c b d (twice)

Stage 2

a b d

c b d

Stage 3

a d b d c d b d

Stage 4

d (three times)

Kōrvai

If you are trading variations, repeat the form from stage 2 or stage 3 as needed or wanted.

A BRIDGE KŌRVAI TO TIŚRA NAḌAI

The forty-two-pulse kōrvai that follows is quite versatile. Its pulse total suggests at least five possible treatments in miśra capu.

ta_2 ki ṭa tōm_2 ki ṭa tōm_3 {11 pulses}

ṭa tōm_2 ki ṭa tōm_3 {8 pulses}

ṭa tōm_2 ki ṭa tōm_3 {8 pulses} (*or* ta ta ka di na tōm_3)

(ta di ki ṭa tom) (ta di ki ṭa tom) (ta di ki ṭa tom) {15 pulses}

FIVE TREATMENTS

Treatment 1: Play it three times in catusra naḍai.

Treatment 2: Play it three times in tiśra naḍai.

Treatment 3: Play it as a trikāla.

Treatment 4: Play it once in catusra naḍai, and once in fast tiśra naḍai.

Treatment 5: Play it once in catusra naḍai, and three times in fast tiśra naḍai.

This tani uses treatment 5, which, like treatment 4, appears to violate the rule that a kōrvai should be played either once or thrice. In this case, it is performed a total of four times. But a kōrvai may be done once or three times in each of two (or more) naḍais, with the last iteration introducing the metric modulation known as *gati bhedam*.[26] This metric modulation temporarily changes everything, whether sarvalaghu or kaṇakku, to the target naḍai. An entire section of the tani speeds up or slows down by a precise ratio. In miśra capu tāḷa a section in tiśram moves at three pulses per beat, faster by half than the preceding catusra material in two pulses per beat; the ratio is 2:3. The speed increases to $\frac{3}{2}$. As any high school student familiar with rate, time, and distance knows, if the rate (two pulses per beat) increases to tiśram (three pulses per beat), then the time it takes to perform

26. *Gati bhedam* is a Sanskrit term indicating a section of a tani that employs a changed pulse rate. *Gati* is synonymous with the Tamil word *naḍai*. I have chosen to use the latter term throughout this book.

the pattern decreases to two-thirds of the original time. The distance, of course, is forty-two pulses. In catusra naḍai, at fourteen pulses per cycle, this fills three cycles. In tiśra naḍai, at twenty-one pulses per cycle, it fits two cycles. Whether the kōrvai is done once or thrice in the target naḍai is mostly a matter of choice. A longer, more complicated kōrvai would probably be done just once in tiśra naḍai.

This kōrvai's pulse total fits perfectly into tiśra naḍai, but its phrases generate considerable tension in this asymmetrical tāḷa. A brief yet slightly tricky kōrvai such as this one is more likely to be done three times, since a triple iteration serves the listener as well as the performers. The former benefits because it is so brief that it is easy to miss before one gets hold of it; the latter are helped by getting three chances to master the dance between kōrvai and tāḷa.

There are two broad aesthetic strategies for setting up this kōrvai under treatments 4 and 5. If one prefers that the change to tiśra naḍai be sudden, without warning, there is no tiśra naḍai material in the setup. One introduces the eight-pulse introductory phrase *ta*$_2$ *ki ṭa tōm*$_2$ *ki ṭa* at the ends of progressively shorter sarvalaghu phrases. This approach conceals the intention to shift to tiśra naḍai.

If, however, one wishes to signal the intention to modulate to tiśra naḍai, one can introduce the phrase first in catusra naḍai, filling up the last four beats of the cycle, then introduce the eight-pulse phrase in tiśra naḍai. Since the phrase is eight pulses, and the last four beats of a cycle in tiśra naḍai comprise twelve pulses, it is necessary to leave four silent pulses at the beginning before speaking or playing the phrase. In the following examples, **<c>** indicates catusra naḍai and **<t>** indicates tiśra naḍai.

Catusra Naḍai Throughout

||• • || • • |• • ||ta • |ki ṭa ||tōm • |ki ṭa ||

Three Beats Catusra Naḍai, Then Four Beats Tiśra Naḍai

<c> **<t>**

||• • ||• • |• • ||• • • |• ta • ||ki ṭa tōm |• ki ṭa ||

The shift to tiśra naḍai happens in silence, which is to say internally or mentally. As I have said so many times, *don't count in numbers; use "counting" solkaṭṭu*. This shift requires practice with a tāḷa-keeping device of some sort: either a metronome or an app designed for the purpose. Use syllables such as those italicized in the examples:

<c> **<t>**

||***ta*** *ka* ||*ta ka* |*di mi* ||***ta*** *ka di* |*mi* **ta** ka ||di mi **ta** |ka di mi ||

Once you can do this reliably, you can insert the kōrvai phrase:

<c> **<t>**

||***ta*** *ka* ||*ta ka* |*di mi* ||***ta*** *ka di*| *mi* ta • || ki ṭa tōm |• ki ṭa ||

And when this version is stable, make the first *ta ka di mi* in the tiśra naḍai silent by saying it inwardly. Now you can put the change to tiśra naḍai into the setup, alternating between the eight-pulse and twelve-pulse *e* figures: **(06-048V)**

a. din$_2$ ta ta din$_2$

b. din$_2$ ta na ta ta din$_2$

c. •$_2$ ta ta din$_2$

d. jo ṇu ta na ta ta din$_2$

e$_8$. **<c>** ta$_2$ ki ṭa tōm$_2$ ki ṭa

e$_{12}$. **<t>** •$_4$ ta$_2$ ki ṭa tōm$_2$ ki ṭa

STAGE 1 (TWICE)

a b c d a d c e$_8$

a b c d a d c e$_{12}$

STAGE 2 (TWICE)

a d c e$_8$

a d c e$_{12}$

STAGE 3 (TWICE)

a e$_8$ c e$_{12}$

And here are both versions of the kōrvai with the tāḷa shown:

CATUSRA NAḌAI (FOURTEEN PULSES PER CYCLE)

||ta • ||ki ṭa |tōm • ||ki ṭa |tōm • ||• ṭa |tōm • ||

||ki ṭa ||tōm • |• ṭa ||tōm • |ki ṭa ||tōm • |• (ta ||

||di ki ||ṭa tom) |(ta di ||ki ṭa |tom) (ta ||di ki |ṭa tom)||

TIŚRA NAḌAI (TWENTY-ONE PULSES PER CYCLE)

||ta • ki ||ṭa tōm • |ki ṭa tōm ||• • ṭa |tōm • ki ||ṭa tōm • |• ṭa tōm ||

||• ki ṭa ||tōm • • |(ta di ki ||ṭa tom) (ta |di ki ṭa ||tom) (ta di |ki ṭa tom)||

TIŚRA NAḌAI SECTION

This section begins with a sarvalaghu figure designed to enhance the flow of tiśra naḍai:

||din • • ||ta ki ṭa |din • • ||din • ta |ta ki ṭa ||din • ta |ta ki ṭa ||

Once the feeling of tiśra naḍai is well established, we can introduce kaṇakku figures. These figures are not complicated on the surface, but they generate interesting tension with the asymmetrical tāḷa. The seven-pulse phrase *ta ka jo ṇu ta ki ṭa* sets up three small mōrās that appeared in the miśra koraippu in *Solkaṭṭu Manual*. Many drummers play this series of mōrās in miśra capu. I first encountered it in a tani by T. K. Murthy.

MŌRĀ 1 **(06-049V)**

||**ta** ka jo ||nu ta ki |ṭa **ta** ka ||jo ṇu ta |ki ṭa **ta** ||ka jo ṇu |ta ki ṭa|| **{3 times}**

||(ta • din|| • gi ṇa |tom) (ta • ||din • gi |ṇa tom) (ta ||• din • |gi ṇa tom)||

MŌRĀ 2 **(06-050V)**

||**ta** ka jo ||nu ta ki |ṭa **ta** ka ||jo ṇu ta |ki ṭa **ta** ||ka jo ṇu |ta ki ṭa|| **{3 times}**

||(ta din gi ||ṇa tom) (ta |• din • ||gi ṇa tom) |(ta • din ||• gi • |ṇa • tom)||

MŌRĀ 3 **(06-051V)**

||**ta** ka jo ||nu ta ki |ṭa **ta** ka ||jo ṇu ta |ki ṭa **ta** ||ka jo ṇu |ta ki ṭa|| **{3 times}**

||(ta • din ||• gi • |ṇa • tom) ||(ta • din |• gi ṇa ||tom) (ta din |gi ṇa tom)||

A TIŚRA NAḌAI KŌRVAI

I learned this kōrvai from my teacher, T. Ranganathan, who attributed it to Karaikudi R. Mani. Each section, including the mōrā, comprises twenty-one pulses, for a total of eighty-four. The first three lines are nearly identical; only the first two pulses vary in articulation. Set it up by returning briefly to the first tiśra naḍai sarvalaghu figure, done twice or four times:

||**din** • • ||ta ki ṭa |din • • ||**din** • ta |ta ki ṭa ||**din** • ta |ta ki ṭa||

tām$_2$ tām$_2$ ki ṭa ta ka {8 pulses}

di na$_2$ tōm$_2$ ta {6 pulses}

tōm$_2$ ta$_2$ tām$_3${7 pulses|

ta ka tām$_2$ ki ṭa ta ka

di na$_2$ tōm$_2$ ta

tōm$_2$ ta$_2$ tām$_3$

tr gḍ tām$_2$ ki ṭa ta ka

di na$_2$ tōm$_2$ ta

tōm$_2$ ta$_2$ tām$_3$

MŌRĀ: FIRST ITERATION
(ta$_2$ din$_2$ gi ṇa tom) (ta$_2$ din$_2$ gi ṇa tom) (ta$_2$ din$_2$ gi ṇa tom)

MŌRĀ: SECOND ITERATION
(ta din gi ṇa tom) (ta$_2$ din$_2$ gi ṇa tom) (ta$_2$ din$_2$ gi$_2$ ṇa$_2$ tom)

MŌRĀ: THIRD ITERATION
(ta$_2$ din$_2$ gi$_2$ ṇa$_2$ tom) (ta$_2$ din$_2$ gi ṇa tom) (ta din gi ṇa tom) **(06-052V)**

TIŚRA KORAIPPU

The koraippu for this tani fits the pattern established in *Solkaṭṭu Manual*, namely, "tāḷa minus one." In the eight-beat ādi tāḷa, this meant trading groups of seven-pulse phrases following a corresponding number of silent single pulses. In the first stage, eight groups of seven followed eight silent pulses. In the next stage, four groups of seven followed four silent pulses, and so on.

"Tāḷa minus one" in this case means trading groups of six-pulse phrases after silent single pulses. Stage 1 comprises eight silent pulses followed by eight six-pulse phrases (eight plus forty-eight). Stage 2 cuts both sets exactly in half: four silent pulses followed by four groups of six (four plus twenty-four). Stages 3 and 4 reduce these groupings further, to two plus twelve and one plus six. And the pattern continues into a unison reduction that leads to the ending section. Remember that the first "silent" pulse is the final *tām* of the previous figure. I have indicated this by notating the silent pulses as *tām$_n$* as in the following:

Stage 1: Fifty-Six Pulses **(06-053V)**

Pattern 1

tām$_8$ {8 pulses}

ta din$_2$ gi ṇa tom *8 {48 pulses}

Phrases for Other Patterns

a. tām$_3$ ta ki ṭa

b$_5$. ta din gi ṇa tom

b$_6$. ta din$_2$ gi ṇa tom

b$_7$. ta$_2$ din$_2$ gi ṇa tom

Pattern 2

Note that the mōrā is written in abbreviated form, (b_6). This notation indicates that the statement is unaltered in its three iterations and that the gaps are zero. **(06-054V)**

tām$_8$

3a + b_6

a + (b_6)

Pattern 3

Here the mōrā statements increase from five to six to seven pulses, so each is shown. The gaps are still zero. **(06-055V)**

tām$_8$

3a + b_6

a + (b_5) (b_6) (b_7)

Pattern 4 ***(06-056V)***

tām$_8$

3a + b_6

a + (b_7) (b_6) (b_5)

Patterns 5–7

These demonstrate the common definition of tiśra naḍai as "three in the place of two." Each one begins:

tām$_8$

3a + b_6

a + b_6

This leaves time for two more six-pulse patterns. We substitute three patterns in fast tiśra naḍai for these, as follows. The tiśra naḍai figures are notated here in italics:

Pattern 5 ***(06-057V)***

tām$_8$

3a + b$_6$

a + b$_6$ *(b$_6$) (b$_6$) (b$_6$)*

Pattern 6 ***(06-058V)***

tām$_8$

3a + b$_6$

a + b$_6$ *(b$_5$) (b$_6$) (b$_7$)*

Pattern 7 ***(06-059V)***

tām$_8$

3a + b$_6$

a + b$_6$ *(b$_7$) (b$_6$) (b$_5$)*

Stage 2: Twenty-Eight Pulses

Each pattern in stage 2 is exactly half the duration of its stage 1 counterpart. We use only the second half of each stage 1 pattern.

Pattern 1 ***(06-060V)***

tām$_4$ {4 pulses}

ta din$_2$ gi ṇa tom *4 {24 pulses}

Phrases for Other Patterns

a. tām$_3$ ta ki ṭa

b$_5$. ta din gi ṇa tom

b$_6$. ta din$_2$ gi ṇa tom

b$_7$. ta$_2$ din$_2$ gi ṇa tom

Pattern 2 ***(06-061V)***

tām$_4$

a + (b$_6$)

Pattern 3 ***(06-062V)***

tām$_4$

a + (b$_5$) (b$_6$) (b$_7$)

Pattern 4 ***(06-063V)***

tām$_4$

a + (b$_7$) (b$_6$) (b$_5$)

Pattern 5 ***(06-064V)***

tām$_4$

a + b$_6$ *(b$_6$) (b$_6$) (b$_6$)*

Pattern 6 ***(06-065V)***

tām$_4$

a + b$_6$ *(b$_5$) (b$_6$) (b$_7$)*

Pattern 7 ***(06-066V)***

tām$_4$

a + b$_6$ *(b$_7$) (b$_6$) (b$_5$)*

Stage 3: Fourteen Pulses

Stage 3 has time for only two sets of six, but this means that the three mōrās in tiśra naḍai will fit.

Pattern 1 ***(06-067V)***

tām$_2$ {2 pulses}

ta din$_2$ gi ṇa tom *2 {12 pulses}

Pattern 2 ***(06-068V)***

tām$_2$

(b$_6$) (b$_6$) (b$_6$)

Pattern 3 ***(06-069V)***

tām$_2$

(b$_5$) (b$_6$) (b$_7$)

Pattern 4 ***(06-070V)***

tām$_2$

(b$_7$) (b$_6$) (b$_5$)

Stage 4 Seven Pulses ***(06-071V)***

Stage 4 has time for only one pattern, a silent pulse followed by a six-pulse phrase:

• {1 pulse}

ta din$_2$ gi ṇa tom {6 pulses}

ENDING SECTION

The ending section comprises a unison reduction, a periya mōrā adapted for miśra capu from the ādi tāḷa periya mōrā that appeared in *Solkaṭṭu Manual* and an ending kōrvai that exemplifies an interesting property of this seven-beat meter.

Unison Reduction ***(06-072V)***

Notice that the first pattern, *ta din$_2$ gi ṇa tom*, and the last pattern, *tom*, add up to seven pulses. The same is true of *ta din gi ṇa tom* and *ṇa tom*, as well as *din gi ṇa tom* and *gi ṇa tom*. This gives us three sets of seven, a total of twenty-one pulses. Since each set is done four times, the total is eighty-four, which fits perfectly into six fourteen-pulse cycles. We could go directly to the periya mōrā. Instead, I have made an aesthetic choice to add a thirteen-pulse mōrā, (*ta*) [*tām$_5$*]. A single-pulse rest before the mōrā fills out the cycle, but I prefer to voice it as a fifth *tom*. Don't get so swept up in the momentum of the reduction that you forget to include the last *tom*!

ta din_2 gi ṇa tom *4

ta din gi ṇa tom *4

din gi ṇa tom *4

gi ṇa tom *4

ṇa tom *4

tom *4

tom (ta) [$tām_5$] (ta) [$tām_5$] (ta)

Periya Mōrā

This periya mōrā is notated at half the speed at which it is to be performed, in order to make the syllables clear. It is best to learn it at the notated speed, then double the speed once the phrases and structure are clear. The pulse indication at the end of each line is for the double-speed version.

Phrases

a. $tān_2$ gi ḍu di ku ta ka ta ri gi ḍu {6 pulses at speed}

b. di_4 $tān_2$ gi ḍu di ku ta ka ta ri gi ḍu {8 pulses}

c. ta $lān_2$ gu {2 pulses}

d. $tōm_2$ ta_2 {2 pulses}

e. $tōm_4$ {2 pulses}

Sequence

a b a c d c e {twice}

a b a c e

a c e

a

(cd) [e] (cd) [e] (cd)

The most common mistake students make in performing this and other periya mōrās is in the second line, *a b a c e*. Having recited the first line twice, many students forget to omit *d c* from the next line after *a b a c*, so one hears *ta* $lān_2$ *gu* ***$tōm_2$ ta_2*** instead of *ta* $lān_2$ *gu* ***$tōm_4$***.

The most effective way to avoid this error is to learn the periya mōrā in reverse order, starting with the ending mōrā, (*cd*) [*e*] (*cd*) [*e*] (*cd*) The sixteen-pulse figure begins on the last beat of the penultimate cycle, which is silent. One can count into this place by reciting the figure *ta*$_2$ *ki*$_2$ *ṭa*$_2$ twice, beginning at the sama:

(cd)   [e]   (cd)   [e]   (cd)

||*ta* • ||*ki* • |*ṭa* • ||*ta* • |*ki* • ||*ṭa* • |(tlang ||tom ta) |||[tōm •] |(tlang ||tom ta) |[tōm •] ||(tlang |tom ta)|| **(06-073V)**

Once the mōrā is comfortable, add the six-pulse *a* before it, in place of the second *ta*$_2$ *ki*$_2$ *ṭa*$_2$.

a   (cd)

||*ta* • ||*ki* • |*ṭa* • ||tn gḍ |dk tk ||ṭr gḍ |(tlang

[e]   (cd)   [e]   (cd)

||tom ta) |||[tōm •] |(tlang ||tom ta) |[tōm •] ||(tlang |tom ta)|| **(06-074V)**

Now add the previous line, *a c e*. This is ten pulses long; it replaces the six-pulse *ta*$_2$ *ki*$_2$ *ṭa*$_2$ and needs four more pulses, or two beats, from the previous cycle. It begins on beat six and coincides with the last hand gesture in the cycle:

a

|| • • || • • |• • ||• • |• • ||tn gḍ |dk tk||

c   e   a   (cd)

||tr gḍ ||tlan |tōm • ||tn gḍ |dk tk ||ṭr gḍ |(tlang ||

[e]   (cd)   [e]   (cd)

||tom ta) |||[tōm •] |(tlang ||tom ta) |[tōm •] ||(tlang |tom ta)|| **(06-075V)**

Now add the third line, *a b a c e*. The *a* and *b* fill a whole cycle, leaving the ten-pulse *a c e* to fill out the ten pulses at the beginning of the cycle we just ended.

a   b

||tn gḍ ||dk tk |tr gḍ ||di • |tn gḍ ||dk tk |tr gḍ||

a   c   e   a

||tn gḍ ||dk tk |tr gḍ ||tlan |tōm • ||tn gḍ |dk tk||

c   e   a   (cd)

||tr gḍ ||tlan |tōm • ||tn gḍ |dk tk ||ṭr gḍ |(tlang ||

[e] (cd) [e] (cd)

||tom ta) ||[tōm •] |(tlang ||tom ta) |[tōm •] ||(tlang |tom ta)|| **(06-076V)**

Once you have mastered this section, it only remains to insert the first line twice, which takes four cycles.

a b

||tn gḍ ||dk tk |tr gḍ ||di • |tn gḍ ||dk tk |tr gḍ||

a c d c e

||tn gḍ ||dk tk |tr gḍ ||tlan |tom ta ||tlan |tōm • ||

a b

||tn gḍ ||dk tk |tr gḍ ||di • |tn gḍ ||dk tk |tr gḍ||

a c d c e

||tn gḍ ||dk tk |tr gḍ ||tlan |tom ta ||tlan |tōm • ||

a b

||tn gḍ ||dk tk |tr gḍ ||di • |tn gḍ ||dk tk |tr gḍ||

a c e a

||tn gḍ ||dk tk |tr gḍ ||tlan |tōm • ||tn gḍ |dk tk||

c e a (cd)

||tr gḍ ||tlan |tōm • ||tn gḍ |dk tk ||ṭr gḍ |(tlang ||

[e] (cd) [e] (cd)

||tom ta) ||[tōm •] |(tlang ||tom ta) |[tōm •] ||(tlang |tom ta)|| **(06-077V)**

This way of working through a passage, while arduous, is the most effective method I have discovered for thorough mastery of difficult material. It requires *structural* learning, rather than simple rote learning. As I explained in chapter 1, I use this method not only in teaching others, but also in learning new material for myself. One learns the piece backward, in a sense. The result is that one knows the end of the piece better than the beginning; as one moves through a piece, one is always going into increasingly familiar material. This is a powerful strategy for working on any piece of music, dance, or poetry from any tradition. In fact, when I am teaching a new tani to a class, I always teach the final kōrvai first, then the periya mōrā that precedes it, the koraippu, and so on. The beginning is the last piece we work on.

ENDING KŌRVAI

The final kōrvai for this tani reacquaints us with an old friend, the trikāla. Remember that this three-speed figure was the first pattern introduced in *Solkaṭṭu Manual*'s tiśra jāti ēka tāḷa exercises. I introduced it as fundamental in all Karṇāṭak rhythmic contexts, whether song structure, svarakalpana improvisation, bharata nāṭyam patterns, or mṛdaṅgam kaṇakku.

Trikāla has a specific connection with our seven-beat tāḷa, since *any pattern performed in three speeds that progressively double in tempo fits neatly into miśra capu tāḷa*. Such a pattern exhibits the ratio 1:2:4, whose elements add up to seven. Three speeds of a single syllable come to seven pulses, or half a cycle of the fourteen-pulse miśra capu. The trikāla starts at the middle of the cycle.

||• • ||• • |• • ||• ta |• • ||• ta |• ta||

Count the first seven pulses of the cycle as *ta ka di mi ta ki ṭa*:

||*ta ka* ||*di mi* |*ta ki* ||*ṭa* **ta** |**• •** ||**• ta** |**• ta**||

Three speeds of a two-syllable group come to fourteen pulses, or a full cycle.

||ta • ||• • |ka • ||• • |ta • ||ka • |ta ka ||

Three speeds of a three-syllable group come to twenty-one pulses, or one-and-a-half cycles. Again, a single seven-pulse phrase takes us to the middle of the cycle.

||*ta ka* ||*di mi* |*ta ki* ||*ṭa* **ta** |**• •** ||**• ki** |**• •**||

||**• ṭa** ||**• •** |**• ta** ||**• ki** |**• ṭa** ||**• ta** |**ki ṭa**|| **(06-078V)**

By now it may be clear that there is a pattern at work here. A trikāla built from odd-numbered phrases, one, three, five, seven, or any other odd number of pulses, begins from the middle of the cycle. A trikāla built from even-numbered phrases, starting with two, always begins on the sama. This principle operates at every level of scale. *Any kōrvai, done in trikāla form, fits evenly into miśra capu tāḷa.* This fact has practical applications. Occasionally one may be in the middle of a tani and just unable to think of a miśra capu kōrvai. All that comes to mind is ādi tāḷa material. An ādi tāḷa kōrvai played as a trikāla can be a handy solution.

The first introduction to the mōrā form in the *Solkaṭṭu Manual* (pp. 22–24) included the observation that the shortest effective mōrā with gaps of zero used five-note statements.

(ta di ki ṭa tom) (ta di ki ṭa tom) (ta di ki ṭa tom)

This mōrā done as a trikāla comprises thirty-five pulses:

(ta_4 di_4 ki_4 $ṭa_4$ $tōm_4$) {20 pulses}

(ta_2 di_2 ki_2 $ṭa_2$ $tōm_2$) {10 pulses}

(ta di ki ṭa tom) {5 pulses}

A kōrvai, as defined in chapter 4, may be defined as having at least two parts. The first part or parts express some sort of rhythmic shape, while the last one is a mōrā. All we need to generate a kōrvai using this mōrā is an introductory section that takes us to the middle of a miśra capu cycle. The easiest way, and a very popular way within the tradition, is to use three seven-pulse phrases. Here is the ending kōrvai for this tani:

ta ka di na tān$_2$ gu

ta ka di na tān$_2$ gu

ta ka di na tān$_2$ gu

(ta$_4$ di$_4$ ki$_4$ ṭa$_4$ tōm$_4$) {20 pulses}

(ta$_2$ di$_2$ ki$_2$ ṭa$_2$ tōm$_2$) {10 pulses}

(ta di ki ṭa tom) {5 pulses} **(06-079V)**

Here it is notated in the tāḷa:

||ta ka ||di na |tān • ||gu ta |ka di ||na tān |•gu ||

||ta ka ||di na |tān • ||gu (ta |• • ||• di |• • ||

||• ki ||• • |• ṭa ||• • |• tōm ||• • |•) (ta||

||• di ||• ki |• ṭa|| • tōm |•) (ta ||di ki |ṭa tom)||

A cursory look at the notation, or a casual attempt to perform this kōrvai, may reveal that it is not as easy to perform as it was to generate it. As I suggested with the periya mōrā, learn it backward beginning with the last mōrā statement, then add the second statement, and finally the first. The last statement, at five pulses, begins after nine pulses of the cycle, so count *ta ki ṭa* three times:

||***ta*** *ki* ||*ṭa* ***ta*** |*ki ṭa* ||***ta*** *ki* |*ṭa* (ta ||di ki |ṭa tom)|| **(06-080V)**

The second statement, at ten pulses, starts on the last pulse of the preceding cycle. Count a thirteen-pulse pattern to reach this spot:

||***ta*** *ki* ||*ṭa* ***ta*** |*ki ṭa* ||**ta** ka |d*i mi* ||***ta*** *ki* |*ṭa* (ta||

||• di ||• ki |• ṭa|| • tōm |•) (ta ||di ki |ṭa tom)|| **(06-081V)**

The first statement's twenty pulses take us back to the middle of the preceding cycle. Count *ta ka di mi ta ki ṭa* from the sama:

||***ta*** *ka*|| *di mi* |***ta*** *ki* ||*ṭa* (ta |• • ||• di |• • ||

||• ki ||• • |• ṭa ||• • |• tōm ||• • |•) (ta||

||• di ||• ki |• ṭa|| • tōm |•) (ta ||di ki |ṭa tom)|| **(06-082V)**

Once you can consistently perform the trikāla mōrā, you can change the lead-in figure from one *ta ka di mi ta ki ṭa* to three times *ta ka di na* $tān_2$ *gu*. As is the case with all final kōrvais, perform it three times, ending with a final *tām*.

7 · MIŚRA JĀTI JHAMPA TĀḶA

Miśra jāti jhampa tāḷa is not only one of the thirty-five canonical tāḷas; it is among the suladi sapta tāḷas in which Purandara Dasa (1480–1564) composed the alankaras. These voice exercises are an important component in every Karṇāṭak music student's training, so this ten-beat tāḷa is familiar to all Karṇāṭak musicians. It is not, however, the most prevalent of the quintuple tāḷas. That distinction is shared by the ten-pulse khaṇḍa capu and the twenty-pulse khaṇḍa jāti ēka tāḷa. So why is it here? The simplest reason is that Palani Subramania Pillai and his student, my teacher T. Ranganathan, found it a fertile ground for generating material. Much of the material they created for miśra jhampa, as we will refer to it in the following pages, fits well into the other quintuple tāḷas. But its larger pulse total allows for more involved compositional ideas, some of which we will explore in this tani.

Miśra jhampa is counted using a seven-beat laghu (clap plus six finger counts), followed by an anudrutam (single clap) and a drutam (clap and wave). The laghu should be familiar to readers who learned the miśra jāti ēka tāḷa exercises in *Solkaṭṭu Manual*. It is counted this way:

clap-pinky-ring-middle-index-thumb-pinky

The gestures for miśra jhampa are unusual. In order to establish this pattern in muscle memory, review *Solkaṭṭu Manual* material for khaṇḍa jāti ēka tāḷa, but count the exercises in this ten-beat cycle.

OPENING MŌRĀ

Here is the opening mōrā, written out in half the speed at which it will be performed. Readers of *Solkaṭṭu Manual* will recognize the first twenty-pulse phrase

ta$_4$ ta ri gu gu ta ri gi ḍu di ku ta ka ta ri gi ḍu

and the six-pulse phrase that follows it

ta ri gi ḍu ta$_2$

as identical to the first phrases of the filled-out version of the kōrvai in *Solkaṭṭu Manual*, chapter 8. This is a simpler structure, clearly in the (statement) [gap] form:

(**ta**$_4$ ta ri gu gu ta ri gi ḍu di ku ta ka ta ri gi ḍu **ta** ri gi ḍu **ta**$_2$ ka$_4$ di$_2$ na$_4$) {36 pulses}

[tām$_6$] {6 pulses}

It looks like this at its performed speed:

(**ta**$_2$ tr gg tr gḍ dk tk tr gḍ **tr** gḍ ta ka$_2$ di na$_2$) {18 pulses}

[tām$_3$] {3 pulses}

I first heard this sixty-pulse mōrā performed by Trichy S. Sankaran as an ending mōrā for a kriti in khaṇḍa capu tāḷa. Sankaran would almost certainly use somewhat different syllables, but the structure is the same as the mōrā he played. A sixty-pulse composition is versatile because it can be factored as three times four times five. It is therefore native in three different naḍais: tiśra, in which it takes twenty beats at three pulses each; catusra, in which it occupies fifteen beats; and khaṇḍa, in which it takes twelve beats. The catusra version is appealing because of the tension it generates from one statement to the next. The first and second statement and gap pairs are twenty-one pulses each, one pulse longer than five beats. In other words, the first statement begins on a beat, the second begins after one pulse after a beat, and the third statement begins two pulses after a beat. The notation below begins from beat six, the thumb. Double lines represent the claps on beats eight, nine, and one. In miśra jhampa this begins in the middle of a cycle, namely, on the thumb in the laghu. The second statement begins one pulse after the sama, and the third begins two pulses after the thumb.

6 7 8 9 10 1

|(**ta** • tr gg |tr gḍ dk tk ||tr gḍ **tr** gḍ ||ta ka • di |na •) [tām • ||•]

2 3 4 5 6

(**ta** • tr |gg tr gḍ dk |tk tr gḍ **tr** |gḍ ta ka • |di na •) [tām |• •]

7 8 9 10

(**ta** • |tr gg tr gḍ ||dk tk tr gḍ ||**tr** gḍ ta ka |• di na •)

I have referred to kaṇakku figures: mōrās, kōrvais, and the like as "designs in the fabric of time." Imagine a tapestry with a rich background, out of which figures emerge. At their edges these figures blend smoothly with the surrounding material. At their centers, where the figures' details are most pronounced, they may be in sharp relief. We can think of a mōrā's structure in a similar way: the first and third statements flow out of and back into the underlying time. The greatest rhythmic tension is most often in the second statement, framed by the two gaps. *The second statement is usually the trickiest one, and the most important one to master.* Again, the most reliable method for achieving such mastery is to work backward through the mōrā. Begin with the last statement, two pulses after the thumb. Use the syllables *ta ka* starting at the thumb. Once this phrase is stable, add the second gap, which begins one pulse *before* the thumb. Starting from the sama, speak the phrase *ta ka di mi* four times and the phrase *ta ki ṭa* once:

||***ta*** *ka di mi* |***ta*** *ka di mi* |***ta*** *ka di mi* |***ta*** *ka di mi* |*ta ki ṭa* [tām|• •] (ta • |tr gg tr gḍ ||dk tk tr gḍ ||tr gḍ ta ka |• di na •) **(07-083V)**

Now substitute the second statement, beginning one pulse after the sama:

|• (ta • tr |gg tr gḍ dk |tk tr gḍ tr |gḍ ta ka • |di na •)[tām|• •] (ta • |tr gg tr gḍ ||dk tk tr gḍ ||tr gḍ ta ka |• di na •) **(07-084V)**

At this point you should be able to start from the beginning and recite the entire mōrā. If you get stuck, back up and go through the process again.

Setting It Up

Now that you can do the mōrā, you are ready to set it up using the following patterns.

Patterns

a. ta_2 din_2 din_2 na_2 {8 pulses}

a_6. ta_2 din_2 din_2 {6 pulses}

b. ta ka din_2 din_2 na_2 {8 pulses}

b_6. ta ka din_2 din_2 {6 pulses}

b_4. ta ka din_2 {4 pulses}

c. $•_2$ din_2 din_2 na_2 {8 pulses}

c_6. $•_2$ din_2 din_2 {6 pulses}

d_6. kṭ tk din_2 din_2 {6 pulses}

e. ta_2 tr gg tr gḍ dk tk tr gḍ {10 pulses}

Sequences

STAGE 1 (TWICE)
a b c d_6 e

STAGE 2 (TWICE)
a b_6 e b_6 e

STAGE 3
a_6 e b_4 add mōrā **(07-085V)**

The ten-pulse *e* phrase requires a six-pulse lead-in phrase in the setup in order to complete a sixteen-pulse phrase. Notice that stage 2 divides the cycle into sets of six and four beats, respectively. The sarvalaghu flows much more smoothly this way than dividing the cycle in half, five plus five, or according to the aṅga structure, seven plus three. No rule or convention prevents one from using either of these divisions. Feel free to experiment.

Arudi

The arudi for this tani is a well-known twenty-pulse mōrā that resolves at the anudrutam after the laghu. It employs the somewhat unusual device of voicing the gaps, which creates the illusion that the gaps are changing. Structurally, it looks like this:

(ta ka din ta) [tām_4] (ta ka din ta) [tām_4] (ta ka din ta)

But it is voiced this way:

(ta ka din ta) [tām • • ta] (ta ka din ta) [tam ta ki ṭa] (ta ka din ta)

PALANI COMPOSITION FOR KHAṆḌA, T. RANGANATHAN VERSION

The origin of this version of the Palani composition appears in chapter 4. Ranga generated it by adding four pulses to each of the four phrase lines *a*, *b*, *c*, and *d*, and sixteen pulses to the mōrā. The original, at one hundred ninety-two pulses, fits six cycles of ādi tāḷa. Ranga's addition of forty-eight pulses brings the total up to two hundred forty, six cycles of the forty-pulse miśra jhampa cycle. I have indicated that is "for khaṇḍa," without specifying a referent for the adjective *khaṇḍa*. I never heard Ranga play or speak of this version in any context other than khaṇḍa naḍai in ādi tāḷa, which also comprises forty pulses per cycle. But as I pointed out earlier, it also works in any quintuple tāḷa: khaṇḍa capu, for example, or khaṇḍa jāti ēka tāḷa, and certainly miśra jhampa.

Our present tāḷa is perfectly suited to the structure of the composition. Each of the three naḍais, catusra, tiśra, and fast catusra, occupies the same number of cycles as its catusra counterpart in *Solkaṭṭu Manual*, chapter 7: six cycles for catusra, four cycles for tiśra, and three cycles for fast catusra. The original version can be seen in chapter 3. The syllables in bold type below have been altered, as in *a* through *d*, or added, as in the mōrā, to increase the pulse totals needed for khaṇḍa.

a. tām_2 ki ṭa ta ka **$\textbf{din}_3$ $\textbf{din}_3$ $\textbf{din}_3$ $\textbf{na}_3$** ki ṭa {20 pulses}

b. tom ta ka tom ta ka **$\textbf{din}_3$ $\textbf{tām}_3$ $\textbf{tām}_3$ $\textbf{dī}_5$** {20 pulses}

c. $•_2$ ki ṭa ta ka **$\textbf{din}_3$ $\textbf{din}_3$ $\textbf{din}_3$ $\textbf{na}_3$** ki ṭa {20 pulses}

d. tom ta ka tom ta ka **$\textbf{din}_3$ ta $\textbf{ka}_2$ jo $\textbf{ṇu}_2$ $\textbf{tām}_5$** {20 pulses}

mōrā: {24 pulses statement, 4 pulses gap}

(tām$_4$ ta ka di na tom ta ka tom ta ka di na **tom$_2$ ta$_2$** ta ka jo ṇu) [**tām$_4$**]

(tām$_4$ ta ka di na tom ta ka tom ta ka di na **tom$_2$ ta$_2$** ta ka jo ṇu) [**tām$_4$**]

(tām$_4$ ta ka di na tom ta ka tom ta ka di na **tom$_2$ ta$_2$** ta ka jo ṇu) *tām*

The two catusra speeds are likely to be less challenging than the tiśra naḍai. The usual practice of working backward from the end is the most efficient way to master the tiśra naḍai iteration. We begin with the mōrā, which takes two cycles at the original rate. The calculation for this is the same as it was for ādi tāḷa. The rate (naḍai) increases from four pulses per beat to six, or $\frac{3}{2}$ of the original. The time (number of beats required to perform it), therefore, decreases to $\frac{2}{3}$ of the original, from two cycles to one and one-third cycles ($\frac{6}{3}$ to $\frac{4}{3}$). The tiśra naḍai mōrā, then, begins after two-thirds of a cycle.

Solkaṭṭu Manual, chapter 7, included instructions for finding the thirds of a cycle in ādi tāḷa. We used the eight-pulse phrase *ta ka di mi ta ka jo ṇu*, spoken three times at three pulses per beat. The following notation shows the two eight-pulse phrases that lead to the beginning of the mōrā in italics:

||***ta*** *ka di* |*mi ta ka* |*jo ṇu* ***ta*** |*ka di mi* ||*ta ka jo* |*ṇu* **(tām •** ||• • ta |ka di na

The same strategy works in miśra jhampa by substituting a ten-pulse phrase, since the tāḷa cycle is ten beats. The phrase is *ta ki ṭa tōm$_2$ ta di ki ṭa tom*. Practice this phrase in tiśra naḍai, three pulses per beat, before trying the mōrā:

||**ta** ki ṭa |tōm • ta |di ki ṭa |tom **ta** ki |ṭa tōm • |ta di ki |ṭa tom **ta** ||ki ṭa tōm ||• ta di |ki ṭa tom|| **(07-086V)**

Once you have become comfortable voicing the three sets of ten, try the mōrā after two sets of ten, on the last third of the cycle. Remember that the mōrā moves at six pulses per beat:

||**ta** ki ṭa |tōm • ta |di ki ṭa |tom **ta** ki |ṭa tōm • |ta di ki |ṭa tom (**tm•**

||• • tk dn ||tt kṭ tk |dn to ta ||

||tk jn)[tm• |• •]**(tm•** • • |tk dn tt |kṭ tk dn |to ta tk |jn)[tm• • •]|**(tm•** • • tk

||dn tt kṭ ||tk dn to |ta tk jn)|| **(07-087V)**

Notice that the beginning of the statement and the gap are the same syllable and duration, *tām$_4$*. The first gap and the second statement, and the second gap and the third statement, put these *tām$_4$* figures immediately adjacent. You should voice these adjacent syllables slightly differently; I suggest putting emphasis on the *tām$_4$* that begins each statement, as I have suggested in the example by using bold characters.

You can practice the mōrā beginning with each statement separately, as always working backward from the end. The last statement begins on beat seven, right on the pinky. The second statement begins with eight fast pulses or four slow pulses (your choice) after the sama of the second cycle. Voice these as *tk dm tk jn* or *ta ka di mi*. The first statement, as I have indicated, begins after two sets of the ten-pulse phrase.

The sequence of the phrases is the same as it was for the ādi tāḷa version in *Solkaṭṭu Manual*:

a b c d

a b c d

mōrā

And each phrase begins on one of the thirds of the cycle. We can arrange them as follows:

cycle 1: a b c

cycle 2: d a b

cycles 3 and 4: c d mōrā **(07-088V)**

You can practice these in their respective sets, isolating them as needed by using the ten-note phrase.

The third speed, fast catusra naḍai, presents somewhat different challenges. The mōrā moves more comfortably within the tāḷa than it did in tiśra naḍai. The challenges are likely to come at the ends of the *a*, *b*, *c*, and *d* phrases, especially *b* and *d*, which end with the five-pulse syllables di_5 and $tām_5$, respectively. It is helpful to think of these five-pulse figures as grouped two plus three, like this:

pronounce di • • • • as di • yi • i, and tām • • • • as tām • m • m

The three-pulse syllables that precede these, din_3 din_3 din_3 na_3, and din_3 $tām_3$ $tām_3$, may be voiced as follows:

din_2 *gu* din_2 *gu* din_2 *gu* nan_2 *gu*

and

din_2 *gu* tan_2 *gu* tan_2 *gu*

I used to think that using such "ghost" syllables was a form of cheating; but after carefully listening to my teacher and other drummers, I realized that these are in fact grace notes, subtle enhancements[27] that can give extra "spice" to a pattern. They may also make it easier for you to feel the pattern's movement.

Follow this composition with the same five-beat arudi as before.

27. The drummer Ahmir Thompson, aka Questlove, described such strokes as grace notes. In talking about the drummer Clyde Stubblefield in 2011, Thompson wrote: "His grace notes, his softest notes, defined a generation." "Questlove on Clyde Stubblefield," *Crimes Against Music*, March 29, 2011, http://charmicarmicat.blogspot.com/2011/03/questlove-on-clyde-stubblefield.html.

A KŌRVAI IN THREE NAḌAIS

Chapter 2 described a kōrvai I learned from Ranga as a transition into tiśra naḍai. I discovered that its sixty pulses fit not only catusra (fifteen beats) and tiśra (ten beats), but also khaṇḍa, in which the kōrvai took twelve beats. Ranga, who had not thought of playing it in khaṇḍa, was delighted by my discovery. We will use it here as a transition into a tiśra naḍai section of the tani. Here is the original Palani Subramania Pillai kōrvai:

di$_2$ tan gd dk tk tr gd tām$_4$ {12 pulses}

ta di tan gd dk tk tr gd tām$_4$ {12 pulses)

di$_2$ tan gd dk tk tr gd {8 pulses}

ta di tan gd dk tk tr gd {8 pulses}

tām$_3$ {3 pulses}

(ta di ki ta tom) [•] (ta di ki ta tom) [•] (ta di ki ta tom) {17 pulses}

These phrases will be familiar to readers of *Solkaṭṭu Manual*, since they are the same as the opening of the periya mōrā in that ādi tāḷa tani. But their familiarity will not provide much help in this case. With sufficient practice, a highly trained mṛdaṅgam student might be able to recite or play these phrases at the speed required to perform it in fast tiśra naḍai, but the chances of getting a group of students to do so are slim. There are two issues to resolve. First, one must gain reliable control of the timing of the phrases in all three naḍais. Second, one must be able to pronounce the phrases precisely and accurately in all three speeds.

Let us deal first with timing. The most useful tool for this task is *counting* solkaṭṭu, which was described in chapter 1. *Counting* here is used as an adjective describing a utilitarian, rather than aesthetic, choice of syllables that do not refer to specific played patterns. One simplifies the syllables of a rhythmic idea in order to reveal its structure without struggling with phrases that are difficult to speak. Karṇāṭak singers, dancers, and players of nonpercussive instruments often figure out rhythmic ideas using these simplified patterns. I have been using them throughout this book as well as in *Solkaṭṭu Manual*. For example, when we use the phrase *ta ka di mi ta ka jo ṇu* to represent eight pulses, we are using counting solkaṭṭu. In this case, we can use it as a substitute for the double-time sixteen-note *di$_2$ tan gd dk tk tr gd*. Once we have gained command of the kōrvai using the substitute syllables, we can decide whether it is realistic to use the original syllables. If not, we can use a phrase of the same duration that is more pleasing to the ear.

First, learn the kōrvai using *ta ka di mi ta ka jo ṇu* in place of *di$_2$ tan gd dk tk tr gd*. Here it is, in all three naḍais. I have indicated beats, but not tāḷa:

Catusra Naḍai

|ta ka di mi |ta ka jo ṇu |tām • • •

|ta ka di mi |ta ka jo ṇu |tām • • •

|ta ka di mi |ta ka jo ṇu

|ta ka di mi |ta ka jo ṇu

|tām • • (ta |di ki ta tom) |[•] (ta di ki |ta tom) [•] (ta |di ki ta tom) {15 beats}

Khaṇḍa Naḍai

|ta ka di mi ta |ka jo ṇu tām • |• •

ta ka di |mi ta ka jo ṇu |tām • • •

ta |ka di mi ta ka |jo ṇu

ta ka di |mi ta ka jo ṇu

|tām • • (ta di |ki ta tom) [•] (ta |di ki ta tom) [•] (|ta di ki ta tom) {12 beats}

Tiśra Naḍai

|ta ka di mi ta ka |jo ṇu tām • • •

|ta ka di mi ta ka |jo ṇu tām • • •

|ta ka di mi ta ka |jo ṇu

ta ka di mi |ta ka jo ṇu

tām • |• (ta di ki ta tom) |[•] (ta di ki ta tom) |[•] (ta di ki ta tom) {10 beats} **(07-089V)**

Practice all three versions separately at first, until you can confidently control each one. Do not be concerned about a particular tāḷa; a steady metronome click is sufficient at this point.

Next, try them in sequence, again without a particular tāḷa. The transitions from catusra to khaṇḍa and from khaṇḍa to tiśra are the most challenging, but there is help built into the kōrvai itself. The *tām*$_3$ before the catusra and khaṇḍa mōrās starts on a beat. You can practice the change to khaṇḍa by reciting the last line of the catusra, followed by the first line of the khaṇḍa:

Catusra Naḍai

|tām • • (ta |di ki ta tom) |[•] (ta di ki |ta tom) [•] (ta |di ki ta tom)

Khaṇḍa Naḍai

|*ta ka di mi ta* |*ka jo ṇu* tām • |• •

Then do the same thing going from khaṇḍa to tiśra.

Khaṇḍa Naḍai

|tām • • (ta di |ki ta tom) [•] (ta |di ki ta tom) [•] (|ta di ki ta tom)

Tiśra Naḍai

|*ta ka di mi ta ka* |*jo ṇu* tām • • • **(07-090V)**

Once you can comfortably perform all three speeds, put it into miśra jhampa. The first speed, catusra naḍai, takes fifteen beats; the second, khaṇḍa naḍai, takes twelve beats, and the third, tiśra naḍai, takes ten beats. The total, then, is thirty-seven beats, three beats short of four full cycles. We must design a setup that comes to that point in the tāḷa. For now, count *ta ka di mi* three times before starting the catusra naḍai iteration.

The next step is to begin filling out the kōrvai. Begin by substituting *tom ta* $tōm_2$ for $tām_4$ at the ends of the first two lines.

Catusra Naḍai

|*ta ka di mi* |*ta ka jo ṇu* |tom ta tōm •

|*ta ka di mi* |*ta ka jo ṇu* |tom ta tōm •

Finally, we need a phrase more aesthetically pleasing than the useful but bland *ta ka di mi ta ka jo ṇu*. Use ta_2 *ki ṭa ta tom tr gḍ* for the first line and *ta ta ki ṭa ta tom tr gḍ* for the second line. Now the kōrvai looks and sounds like this:

Catusra Naḍai

|ta • ki ṭa |ta tom tr gḍ |tom ta tōm •

|ta ta ki ṭa |ta tom tr gḍ |tom ta tōm •

|ta • ki ṭa |ta tom tr gḍ |

|ta ta ki ṭa |ta tom tr gḍ |

|tām • • (ta |di ki ta tom) |[•] (ta di ki |ta tom) [•] (ta |di ki ta tom) {15 beats} **(07-091V)**

Setting It Up

The setup for this kōrvai uses the first line, minus the final *tōm*$_2$, a ten-pulse phrase.

ta$_2$ *ki ṭa ta tom tr gḍ tom ta*

I have indicated three versions of this line, d_4, d_5, and d_6, where the subscript number refers to the number of pulses per beat, or naḍai.

Elements

a. din$_2$ ta na ta ta jo ṇu

b. jo ṇu ta na ta ta jo ṇu

c. din$_2$ ta ta jo ṇu

d_4. ta$_2$ ki ṭa ta tom tr gḍ tom ta

d_5. ta$_2$ ki ṭa ta tom tr gḍ tom ta

d_6. •$_2$ ta$_2$ ki ṭa ta tom tr gḍ tom ta

e. tōm$_8$

f. tōm$_4$

Notice that d_4, the catusra naḍai phrase, is two pulses longer than two beats. The khaṇḍa naḍai phrase, d_5, is exactly two beats, and d_6, the tiśra naḍai phrase, is two pulses *shorter* than two beats. The catusra phrase requires only six pulses of the previous beat to introduce it, while the other two happen abruptly: the khaṇḍa phrase starts exactly on a beat, the tiśra after the two silent pulses indicated by •$_2$ in the example. You can voice these silent pulses as *ta ka* for now; they should eventually recede until they are silent.

Sequences

STAGE 1 (TWICE)

a b b c d_4

a b b b d_5

a b b b d_6

STAGE 2 (TWICE)

c d_4 e d_5 e {10 beats}

d_6 f {3 beats}

The kōrvai begins on beat four: tāḷa claps are shown as double lines.

Catusra Naḍai

|ta • ki ṭa |ta tom tr gḍ |tom ta tōm •

|ta ta ki ṭa ||ta tom tr gḍ ||tom ta tōm •

|ta • ki ṭa ||ta tom tr gḍ

|ta ta ki ṭa |ta tom tr gḍ

|tām • • (ta |di ki ta tom) ||[•] (ta di ki |ta tom) [•] (ta ||di ki ta tom) {15 beats}

Khaṇḍa Naḍai

||ta • ki ṭa ta |tom tr gḍ tom ta ||tōm •

ta ta ki |ṭa ta tom tr gḍ |tom ta tōm •

ta |• ki ṭa ta tom |tr gḍ

ta ta ki |ṭa ta tom tr gḍ

|tām • • (ta di ||ki ta tom) [•] (ta ||di ki ta tom) [•] |(ta di ki ta tom) {12 beats}

Tiśra Naḍai

||ta • ki ṭa ta tom |tr gḍ tom ta tōm •

|ta ta ki ṭa ta tom |tr gḍ tom ta tōm •

|ta • ki ṭa ta tom |tr gḍ

ta ta ki ṭa |ta tom tr gḍ

tām • ||• (ta di ki ta tom) ||[•] (ta di ki ta tom) |[•] (ta di ki ta tom) {10 beats} **(07-092V)**

TIŚRA NAḌAI SETUP AND KŌRVAI

The next kōrvai, at eighty pulses, appears to be designed for a quintuple tāḷa context. One can imagine it in catusra naḍai in miśra jhampa, khaṇḍa ēka, or khaṇḍa capu. One could also perform it in khaṇḍa naḍai in ādi tāḷa. I do not know its origin. I first learned it from Ramnad V. Raghavan (1927-2009) in the 1970s, and later worked on it with T. Ranganathan. Its phrases reduce in a perfectly orderly sequence, dropping the first two syllables from one line to the next:

ta ta ki ṭa ta ka din_2 din_2 ta_2 $tām_3$ {15 pulses}

ki ṭa ta ka din_2 din_2 ta_2 $tām_3$ {13 pulses}

ta ka din_2 din_2 ta_2 $tām_3$ {11 pulses}

din_2 din_2 ta_2 $tām_3$ {9 pulses}

din_2 ta_2 $tām_3$ {7 pulses}

ta_2 $tām_3$ {5 pulses}

$tām_3$ {3 pulses}

(ta di ki ṭa tom) [•] (ta di ki ṭa tom) [•] (ta di ki ṭa tom) {17 pulses}

Neither teacher pointed out the possible application to khaṇḍa, and both performed it exclusively in ādi tāḷa, *tiśra* naḍai. The strange thing about its use in tiśra naḍai is that eighty is not divisible by three or six; the kōrvai does not resolve until the end of the third iteration.

I struggled with this kōrvai. There is very little to hold onto: no pattern fits the tāḷa the same way in the three iterations; and the phrases shorten by two syllables in each line, so that the only parts that repeat are the ends of the phrases. It was risky to try performing it, since the patterns themselves are slippery and the slightest lapse either in one's own concentration or in the tāḷa keeping can derail it. I persisted because the challenge of getting it right appealed to me, and because when I got it right I found it quite beautiful.

Such a kōrvai is an object of musical meditation; it rewards contemplation in layers. The first aspect of it to clarify is that the mōrā's structure, (5) [1] (5) [1] (5), provides two six-pulse groups that help to "anchor" it. Each of the three sets of five crosses a beat on the same syllable. The following notation indicates only six-pulse groups, without reference to a specific tāḷa. The syllables that cross the beat are in boldface type here, only for visual reference. They should not be emphasized in pronunciation.

First Iteration Mōrā

|• • • (ta di ki |**ṭa** tom) [•] (ta di ki |**ṭa** tom) [•] (ta di ki |**ṭa** tom)

Second Iteration Mōrā

|• • • • • (ta |**di** ki ṭa tom) [•] (ta |**di** ki ṭa tom) [•] (ta |**di** ki ṭa tom)

Third Iteration Mōrā

|• (ta di ki ṭa tom) |[•] (ta di ki ṭa tom) |[•] (ta di ki ṭa tom)

How to Approach This Kōrvai

The tactics I present here are not the ones I used to learn this composition. My approach was inefficient and sporadic; I did not sit down and think it through in a well-organized way. I spent a large number of hours over several years doing exactly what I now counsel against doing; I started over and over from the beginning, losing the thread nearly every time I tried. If you are obstinate and have plenty of time at your disposal, this approach may work for you. But I have developed some strategies that dramatically speed up the process. My students learn this kōrvai in just a few class sessions, as you will see from their performance video.

First, learn the kōrvai in catusra naḍai in khaṇḍa ēka tāḷa, in which each iteration takes four cycles. Work with it until you have memorized the phrases and mōrā. Once you can do this with some fluency, change the tāḷa to miśra jhampa, in which each iteration takes two cycles. Practice the kōrvai this way until you are comfortable with the new tāḷa. Now you are ready to try it in tiśra naḍai.

Stay with miśra jhampa tāḷa and practice the same ten-note phrase you used to learn the Palani composition, *ta ki ṭa tōm$_2$ ta di ki ṭa tom* at three pulses per beat. Three sets of ten fit into one cycle. Begin, as always, with the last iteration of the kōrvai. As I pointed out previously, only the first iteration starts on a beat. Where do the others start?

The logic is the same as it was for the Palani composition, and it may help you to review the relationships of rate, time, and distance in the examples. The beginning of each iteration coincides with the beginning of one of the ten-note phrases: the first coincides with the first set of ten; the second, with the second set; and the third, with the third set of ten. In the notation that follows, the italicized phrases are moving at three pulses per beat. The nonitalicized kōrvai doubles this rate to six pulses per beat:

3 pulses per beat 6 pulses per beat

||***ta*** *ki ṭa* |*tōm* • *ta* |*di ki ṭa* |*tom* ***ta*** *ki* |*ṭa tōm* • |*ta di ki* |*ṭa tom* **ta** ta ||**ki** ṭa ta ka din • ||**din** • ta • tām • |• ki ṭa ta ka din ||• din • ta • tām |• • ta ka din • |**din** • ta • tām • |• din • din • ta |• tām • • din • |**ta** • tām • • ta |• tām • • tām • ||• (ta di ki ṭa tom) ||**[•]** (ta di ki ṭa tom) ||**[•]** (ta di ki ṭa tom) **(07-093V)**

Practice *only* the third iteration until you can control it. Now work out the second, which begins after one ten-pulse phrase.

3 pulses per beat 6 pulses per beat

||***ta*** *ki ṭa* |*tōm* • *ta* |*di ki ṭa* |*tom* ta ta ki ṭa |**ta** ka din • din • |**ta** • tām • • ki |**ṭa** ta ka din • din ||• ta • tām • •||**ta** ka din • din • |**ta** • tām • • din ||• din • ta • tām |• • din • ta • |**tām** • • ta • tām |• • tām • • (ta |**di** ki ṭa tom) [•] (ta |**di** ki ṭa tom) [•] (ta |**di** ki ṭa tom) ta ta ||**ki** ṭa ta ka din • ||**din** • ta • tām • |• ki ṭa ta ka din ||• din • ta • tām |• • ta ka din • |**din** • ta • tām • |• din • din • ta |• tām • • din • |**ta** • tām • • ta |• tām • • tām • ||• (ta di ki ṭa tom) ||**[•]** (ta di ki ṭa tom) ||**[•]** (ta di ki ṭa tom) **(07-094V)**

Once you can do this with fluency, add the third iteration; you will now be voicing one ten-pulse phrase followed by the second and third iterations of the kōrvai. Notice that your confidence increases as you go from the second to the third. Finally, add the first iteration and voice all three. When you make a mistake, go back to the previous stage and make certain you have control of it before adding the earlier stages. Once you can do the whole thing with some confidence, we can add the setup. I have notated the kōrvai theme, line *d*, at half speed for ease of reading.

Setup for Tiśra Kōrvai

Elements

a. ta_2 din_2 na_2 {2 beats at 3 pulses per beat}

b. ta ta din_2 na_2 {2 beats at 3 pulses per beat}

c. $•_2$ din_2 na_2 {2 beats at 3 pulses per beat}

d. ta ta ki ṭa ta ka din_2 din_2 ta_2 {2 beats at 6 pulses per beat}

Sequences

STAGE 1 (ALL IN TIŚRA NAḌAI) (TWICE)
a b c b d

STAGE 2 (TWICE)
a b d b d

STAGE 3
a d b d c

Kōrvai

||**ta** ta ki ṭa ta ka |**din** • din • ta • |tām • •

ki ṭa ta |**ka** din • din • ta |• tām • •

ta ka |**din** • din • ta • |**tām** • •

din • din ||• ta • tām • •

||**din** • ta • tām • |•

ta • tām • •

||**tām** • • (ta di ki |**ṭa** tom) [•] (ta di ki |**ṭa** tom) [•] ta di ki |**ṭa** tom

ta ta ki ṭa |**ta** ka din • din • |**ta** • tām • •

ki |**ṭa** ta ka din • din ||• ta • tām • •

||**ta** ka din • din • |**ta** • tām • •

din ||• din • ta • tām |• •

din • ta • |**tām** • •

ta • tām |• •

tām • • (ta |**di** ki ṭa tom) [•] (ta |**di** ki ṭa tom) [•] (ta |**di** ki ṭa tom)

ta ta ||**ki** ṭa ta ka din • ||**din** • ta • tām • |•

ki ṭa ta ka din ||• din • ta • tām |• •

ta ka din • |**din** • ta • tām • |•

din • din • ta |• tām • •

din • |**ta** • tām • •

ta |• tām • •

tām • ||• (ta di ki ṭa tom) ||**[•]** (ta di ki ṭa tom) |**[•]** (ta di ki ṭa tom) **(07-095V)**

SANKĪRṆA KORAIPPU

This koraippu follows the usual "tāḷa minus one" formula, with an important difference. The miśra koraippu in *Solkaṭṭu Manual*'s ādi tāḷa tani and the tiśra koraippu in the previous chapter's miśra capu tāḷa tani used seven- and six-syllable phrases that clearly identified their nature. This koraippu *conceals* its sankīrṇa origins. Each pattern in the first stage comprises seventy-two pulses (8*9) after eight silent pulses (8*1), but the phrases reveal a design that has nothing other than its pulse total to do with nine. Instead, the structures reveal a series of small mōrās.

I derived this koraippu from a version based on seven, native to miśra. Here is the first pattern of that one:

ta din gi ṇa tom **ta** $\textbf{tōm}_4$ {10 pulses}

ta din gi ṇa tom **ta** din gi ṇa tom **ta** $\textbf{tōm}_4$ **ta** $\textbf{tōm}_4$ {20 pulses}

ta din gi ṇa tom **ta** din gi ṇa tom **ta** din gi ṇa tom **(ta)** **[**$\textbf{tōm}_4$**]** **(ta)** **[**$\textbf{tōm}_4$**]** **(ta)** {15 + 11 pulses}

There are three elements, each of which I have indicated in bold type: a five-syllable phrase, **ta** din gi ṇa tom; a single syllable, **ta**; and the four-pulse $\textbf{tōm}_4$. The five-pulse phrase and the single syllable **ta** occur six times each, while the four-pulse **tōm** occurs five times. The total number of pulses is fifty-six, eight times seven, and thus native to miśra.

A version native to sankīrṇa, or nine, requires seventy-two pulses, sixteen more than the miśra version. I added one pulse each to the six five-syllable phrases, which become a total of six, and two syllables each to the five four-pulse *tōm* figures. Remember that the eight-pulse lead-in is silent except for the first syllable, the final *tām* of the previous turn.

Stage 1, Pattern 1 ***(07-096V)***

tām_8

ta din_2 gi ṇa tom **ta** $\textbf{tōm}_6$ {13 pulses}

ta din_2 gi ṇa tom **ta** din_2 gi ṇa tom **ta** $\textbf{tōm}_6$ **ta** $\textbf{tōm}_6$ {26 pulses}

ta din_2 gi ṇa tom **ta** din_2 gi ṇa tom **ta** din_2 gi ṇa tom **(ta)** **[**$\textbf{tōm}_6$**]** **(ta)** **[**$\textbf{tōm}_6$**]** **(ta)** {33 pulses}

Stage 1, Pattern 2 ***(07-097V)***

The koraippu develops by contracting the six-syllable phrase and expanding the single syllable *ta*, one syllable at a time. Since each of these occurs six times, there is no effect on the overall pulse total; and each line begins at exactly the same place in the tāḷa from one pattern to the next. The action is within each line; the initial phrase contracts, while *ta* expands, generating a different tension within the tāḷa each time.

tām_8

ta din gi ṇa tom $\textbf{ta}_2$ $\textbf{tōm}_6$ {13}

ta din gi ṇa tom **ta** din gi ṇa tom $\textbf{ta}_2$ $\textbf{tom}_6$ $\textbf{ta}_2$ $\textbf{tōm}_6$ {26}

ta din gi ṇa tom **ta** din gi ṇa tom **ta** din gi ṇa tom **(**$\textbf{ta}_2$**)** **[**$\textbf{tōm}_6$**]** **(**$\textbf{ta}_2$**)** **[**$\textbf{tōm}_6$**]** **(**$\textbf{ta}_2$**)** {33}

Stage 1, Pattern 3 ***(07-098V)***

An experienced percussionist can now predict the next pattern. The initial phrase contracts by one more syllable, to *din gi ṇa tom*, and ta_2 increases to ta_3. This pattern requires keeping track of silences, which Karṇāṭak drummers treat somewhat differently from rests in European traditions. The figure ta_3, for example, is considered a true three-pulse syllable, rather than a single syllable followed by a two-pulse rest. The same is true of the figure $tōm_6$ that follows it; this is a six-pulse figure, not a single syllable followed by five rests.

Remember to count in syllables rather than in numbers. The figure ta_3 may be thought of as ***ta*** *ki ṭa*, with the last two syllables spoken inwardly but not sounded, or as ***ta*** • *ka*, with the final syllable spoken softly, as a grace note. The six-pulse *tōm*$_6$ may be conceived as three two-pulse sets, ***tōm*****•** *m* • *m* •, or as two three-pulse sets, ***tōm*** • • *m* • •. In either case the added syllables are silent or barely audible. I prefer to count even-numbered silences as groups of two, but my esteemed mentor, the rhythm wizard T. Viswanathan, counted silences of six and nine pulses as groups of three. It does not matter which you use, but *be consistent in order to avoid confusion.* With practice, you will develop a counting mode you can trust.

tām$_8$

din gi ṇa tom **ta$_3$ tōm$_6$** {13 pulses}

din gi ṇa tom **din** gi ṇa tom **ta$_3$ tōm$_6$ ta$_3$ tōm$_6$** {26 pulses}

din gi ṇa tom **din** gi ṇa tom **din** gi ṇa tom **(ta$_3$) [tōm$_6$] (ta$_3$) [tōm$_6$] (ta$_3$)** {33 pulses}

Stage 1, Pattern 4 ***(07-099V)***

tām$_8$

gi ṇa tom **ta$_4$ tōm$_6$** {13 pulses}

gi ṇa tom **gi** ṇa tom **ta$_4$ tōm$_6$ ta$_4$ tōm$_6$** {26 pulses}

gi ṇa tom **gi** ṇa tom **gi** ṇa tom **(ta$_4$) [tōm$_6$] (ta$_4$) [tōm$_6$] (ta$_4$)** {33 pulses}

Stage 1, Pattern 5 ***(07-100V)***

tām$_8$

ṇa tom **ta$_5$ tōm$_6$** {13 pulses}

ṇa tom **ṇa** tom **ta$_5$ tōm$_6$ ta$_5$ tōm$_6$** {26 pulses}

na tom **na** tom **na** tom **(ta$_5$) [tōm$_6$] (ta$_5$) [tōm$_6$] (ta$_5$)** {33 pulses}

Stage 1, Pattern 6 ***(07-101V)***

tām$_8$

tom ta$_6$ tōm$_6$ {13 pulses}

tom tom ta$_6$ tōm$_6$ ta$_6$ tōm$_6$ {26 pulses}

tom tom tom (ta$_6$) [tōm$_6$] (ta$_6$) [tōm$_6$] (ta$_6$) {33 pulses}

We have now exhausted the possibilities of this pattern.

Stage 2

The second stage of the koraippu requires that each pattern comprise thirty-six pulses (4∗9) after a four-pulse silence (4∗1). There is no clear way to preserve the structure of stage 1, since the mōrā itself takes thirty-three pulses. Two possibilities present themselves. First, we could go to the default strategy, which would be to use groups of four nine-pulse phrases. This is what we did in the miśra koraippu in ādi tāḷa (seven-pulse phrases) and in the tiśra koraippu in miśra capu (six-pulse phrases). This is the simplest solution, and an entirely respectable one.

A more imaginative direction evokes the structure of the patterns in stage 1, even though an exact halving of the patterns is not possible. If we use only the last line of the stage 1 patterns, increasing each from thirty-three to thirty-six pulses, the design remains intact. The most obvious tactic adds one pulse to each seven-pulse group that precedes the mōrā; din_2 becomes din_3.

Stage 2, Pattern 1 ***(07-102V)***

tām$_4$

ta din$_3$ gi ṇa tom **ta** din$_3$ gi ṇa tom **ta** din$_3$ gi ṇa tom **(ta) [tōm$_6$] (ta) [tōm$_6$] (ta)** {36 pulses}

As before, din_3 may be voiced as *din • gu*. The rest of the patterns follow the same logic as in stage 1; the first phrase loses one pulse each time, while the mōrā statement gains a corresponding silent pulse.

Stage 2, Pattern 2 ***(07-103V)***

tām$_4$

ta din$_2$ gi ṇa tom **ta** din$_2$ gi ṇa tom **ta** din$_2$ gi ṇa tom **(ta$_2$) [tōm$_6$] (ta$_2$) [tōm$_6$] (ta$_2$)** {36 pulses}

Stage 2, Pattern 3 ***(07-104V)***

tām$_4$

ta din gi ṇa tom **ta** din gi ṇa tom **ta** din gi ṇa tom **(ta$_3$) [tōm$_6$] (ta$_3$) [tōm$_6$] (ta$_3$)** {36 pulses}

Stage 2, Pattern 4 ***(07-105V)***

tām$_4$

din gi ṇa tom **din** gi ṇa tom **din** gi ṇa tom **(ta$_4$) [tōm$_6$] (ta$_4$) [tōm$_6$] (ta$_4$)** {36 pulses}

Stage 2, Pattern 5 ***(07-106V)***

tām$_4$

gi ṇa tom **gi** ṇa tom **gi** ṇa tom **(ta$_5$) [tōm$_6$] (ta$_5$) [tōm$_6$] (ta$_5$)** {36 pulses}

Voice *ta$_5$* as *ta • a • a*, or as *ta • ta ki ṭa*, with only the first syllable of the five-pulse group audible.

Stage 2, Pattern 6 ***(07-107V)***

tām$_4$

ṇa tom **ṇa** tom **ṇa** tom **(ta$_6$) [tōm$_6$] (ta$_6$) [tōm$_6$] (ta$_6$)** {36 pulses}

Stage 2, Pattern 7 ***(07-108V)***

tām$_4$

tom tom tom (ta$_7$) [tōm$_6$] (ta$_7$) [tōm$_6$] (ta$_7$) {36 pulses}

Voice *ta$_7$* as *ta • a • a • a*, or as *ta • di mi ta ki ṭa*, with only the first syllable of the seven-pulse group audible.

Stage 3

At this stage, each pattern becomes eighteen pulses, preceded by two silent pulses. The simplest solution is two nine-pulse phrases, but there is a way to continue the design of the first two stages. The mōrās in the first two patterns in stage 2 are fifteen and eighteen pulses, respectively; there is not much to work with. But if we shorten the mōrā's gaps to four pulses each in stage 3, one more pattern is possible.

Stage 3, Pattern 1 ***(07-109V)***

tām$_2$

ta din$_3$ gi ṇa tom **(ta) [tōm$_4$] (ta) [tōm$_4$] (ta)** {18 pulses}

Stage 3, Pattern 2 ***(07-110V)***

tām$_2$

din gi ṇa tom **(ta$_2$) [tōm$_4$] (ta$_2$) [tōm$_4$] (ta$_2$)** {18 pulses}

Stage 3, Pattern 3 ***(07-111V)***

tām$_2$

tom (ta$_3$) [tōm$_4$] (ta$_3$) [tōm$_4$] (ta$_3$) {18 pulses}

Stage 4 ***(07-112V)***

Now we have reached the logical conclusion of this koraippu design. The last stage comprises one silent pulse and a nine-pulse phrase, as follows:

- ta$_2$ din$_2$ ta din gi ṇa tōm

ENDING SECTION

Unison Reduction ***(07-113V)***

ta$_2$ din$_2$ ta din gi ṇa tōm {4 times, 36 pulses}

ta din$_2$ gi$_2$ ṇa$_2$ tōm {4 times, 32 pulses}

ta din$_2$ gi ṇa$_2$ tōm {4 times, 28 pulses}

ta din$_2$ gi ṇa tōm {4 times, 24 pulses}

ta din gi ṇa tōm {4 times, 20 pulses}

din gi ṇa tōm {4 times, 16 pulses}

gi ṇa tōm {4 times, 12 pulses}

ṇa tōm {4 times, 8 pulses}

tōm {4 times, 4 pulses}

So far, the total is one hundred eighty pulses, twenty short of five cycles. We fill out the cycle with a nineteen-pulse mōrā, found in *Solkaṭṭu Manual*, p. 36. It is possible to voice it after one silent pulse:

- (ta) [tām$_8$] (ta) [tām$_8$] (ta)

But I prefer to add one more *tōm* to the last line of the unison reduction, so that the last line plus the extra *tōm* and the mōrā look like this:

tōm tōm tōm tōm ***tōm*** (ta) [tām$_8$] (ta) [tām$_8$] (ta)

The reduction generates considerable momentum, which is abruptly interrupted by the mōrā, with its silent eight-pulse gaps. The effect of this juxtaposition is quite striking as long as all the players remain synchronized.

Periya Mōrā ***(07-114V)***

The form of the periya mōrā for this tani is, superficially at least, quite different from the ādi tāḷa and miśra capu versions in *Solkaṭṭu Manual* and in the previous chapter in this book. Palani Subramania Pillai composed the original ādi tāḷa version of this periya mōrā. I am not sure whether the khaṇḍa version is Palani's or Ranga's; I have always suspected the latter. Even though the phrases are quite different from those in the other versions, the *structure* of the composition signals its nature as a periya mōrā, the penultimate composition in a tani. The other musicians in an ensemble might not be familiar with this particular periya mōrā, but the repeated figure *ta* $lān_2$ *gu* $tōm_2$ ta_2 *ta* $lān_2$ *gu* $tōm_4$ is an unmistakable indication of its function.

Elements

a. nan_2 gi ḍu ta ri gi ḍu $tōm_2$

a′. $tōm_2$ nan_2 gi ḍu ta ri gi ḍu $tōm_2$

b. ta_4 $tōm_4$ ta ri ki ṭa ta ka

b′. ta_2 $tōm_4$ ta ri ki ṭa ta ka

c. ta_2 $tōm_2$ ki ṭa ta ka

d. di ku ta ka ta ri gi ḍu

e. ta $lān_2$ gu

f. $tōm_2$ ta_2

g. $tōm_4$

Sequences

a b c d

a′ b′ e f e g {this pair of lines twice}

a b c d

a′ b′ e g

a′ b′ e g

a′ b′

(ef) [g] (ef) [g] (ef)

The notation is at half the actual speed of performance, in the interest of making the phrases clearly visible. You should learn this composition from the end backward, as you did with its miśra capu counterpart. Consult that section for instructions.

Ending Kōrvai ***(07-115V)***

T. Ranganathan adapted this kōrvai from a much simpler ādi tāḷa composition. At one hundred twenty pulses it, like the three-naḍai kōrvai that introduced the tiśram section of this tani, works in catusra, tiśra, and khaṇḍa contexts. Its phrases evoke the fundamental ādi tāḷa sarvalaghu pattern *ta*$_2$ *din*$_2$ *din*$_2$ *na*$_2$. But instead of reinforcing the flow of time, the figure has been altered so that it generates significant tension within the tāḷa. This kōrvai is a test of your ability to count silences, a subject we examined in the koraippu.

Remember to voice odd-numbered silences such as *ta*$_5$ and *din*$_3$ as *ta* • *a* • *a* and *din* • *gu*, and even-numbered silences as sets of two: voice *tām*$_{10}$ as *tām* • *m* • *ta* • *ki* • *ṭa* •. As before, the extensions should eventually become inaudible. Here are the phrases:

ta$_5$ din$_4$ din$_3$ din$_2$ ta tām$_{10}$ {25 pulses}

ta$_5$ ta$_5$ din$_4$ din$_3$ din$_2$ ta tām$_{10}$ {30 pulses}

ta$_5$ di$_5$ ta$_5$ din$_4$ din$_3$ din$_2$ ta tām$_{10}$ {35 pulses}

(ta ki ṭa tōm$_2$ ta din gi ṇa tom) (ta ki ṭa tōm$_2$ ta din gi ṇa tom) (ta ki ṭa tōm$_2$ ta din gi ṇa tom) {30 pulses}

And here it is in the tāḷa. The first syllable of each line is in bold type:

||**ta** • • • |• din • • |• din • • |*din* • ta tām |• • • • |• • • • |• **ta** • •

||• • **ta** • ||• • • din |• • • din

||• • **din** • |*ta* tām • • |• • • • |• • • **ta** |• • • • |*di* • • • |• ta • •

||• • **din** • ||• • din • |• din • ta

||**tām** • • • |• • • • |• • (ta ki |ṭa tōm • ta |din gi ṇa tom) |(ta ki ṭa tōm |• ta din gi

||**ṇa** tom) (ta ki |ṭa tōm • ta |din gi ṇa tom)

Work on this as you have done with the other compositions, from the end backward. Remember to start without a particular tāḷa; just use a simple hand clap. Once you can do this, try the kōrvai in khaṇḍa jāti ēka tāḷa. Use the points in the cycle that coincide with syllables (italicized in the examples) to anchor yourself as you work through it. Notice, for example, that *di* in the second cycle coincides with a beat. This will be the sama in khaṇḍa ēka, in the last cycle before the mōrā. When you can feel the flow of the phrases in the simpler tāḷa, try it in miśra jhampa.

8 · KHAṆḌA JĀTI TRIPUṬA TĀḶA

Khaṇḍa jāti tripuṭa tāḷa, which we will hereafter call khaṇḍa tripuṭa, is another of the thirty-five canonical Karṇāṭak tāḷas. Its name tells us that it comprises a five-beat laghu (khaṇḍa jāti) and two two-beat drutams. It is a nine-beat cycle, counted as follows:

clap pinky ring middle index clap wave clap wave

Khaṇḍa tripuṭa is not among the most commonly used tāḷas in the Karṇāṭak system, and one might question its presence here. Is it practical to study this tāḷa? When my students first proposed working in a nine-beat tāḷa, I took it as a challenge. After all, I had never had lessons in such a tāḷa, and had seldom been called on to play in it. I soon discovered that it has interesting properties, including opportunities to adapt material from other metric contexts. Its structure, five beats plus four beats, invites us to include patterns from khaṇḍa naḍai, as you will see. This tāḷa also gives rise to a new approach to the Palani composition that extends the generative possibilities discovered by T. Ranganathan.

The main point of using this tāḷa is to include the reader in the creative process. One might well think that every tāḷa carries with it a body of native material, and many patterns and compositions fit the demand for thirty-six (4*9), seventy-two (8*9), and one hundred forty-four (16*9) pulses. We will not ignore these, but they are not the whole story.

I have told the story of my own training many times. We spent several years in ādi tāḷa, including tiśra naḍai material that translates directly to rūpaka tāḷa. After this we moved to two years of lessons in miśra capu tāḷa. One day Ranga said, "Come tomorrow, and we will begin khaṇḍa capu." I assumed that we would work in khaṇḍa capu for an extended period, but four days later he said, "Okay, khaṇḍa capu is finished." I wondered what he could possibly have meant, but slowly figured out that he had been demonstrating all along how to generate material for any tāḷa. All the material we had worked on in every tāḷa was flexible enough to fit some other situation. The most important resource I had was the inherent creativity of the human imagination.

OPENING COMPOSITION

The first composition in this khaṇḍa tripuṭa tani is structurally elaborate enough to be considered a kōrvai: an orderly reduction comprising phrases of sixteen, fourteen, twelve, ten, and eight pulses, followed by a mōrā. Each phrase in the reduction is performed four times, with small variations in the first two phrases. The phrases that follow are notated in half time for the sake of clarity.

Phrases

ta$_2$ tōm$_2$ ki ṭa jo ṇu ta ka di$_2$ ta lān$_2$ gu

•$_2$ tōm$_2$ ki ṭa jo ṇu ta ka di$_2$ ta lān$_2$ gu {twice, 64 pulses}

tōm$_2$ ki ṭa jo ṇu ta ka di$_2$ ta lān$_2$ gu

•$_2$ ki ṭa jo ṇu ta ka di$_2$ ta lān$_2$ gu {twice, 56 pulses}

ki ṭa jo ṇu ta ka di$_2$ ta lān$_2$ gu {four times, 48 pulses}

jo ṇu ta ka di$_2$ ta lān$_2$ gu {four times, 40 pulses}

ta ka di$_2$ ta lān$_2$ gu {four times, 32 pulses}

Mōrā

(ta ka di$_2$ ta lān$_2$ gu tōm$_2$ ta$_2$) [tōm$_2$ ki ṭa ta ka] (ta ka di$_2$ ta lān$_2$ gu tōm$_2$ ta$_2$) [tōm$_2$ ki ṭa ta ka] (ta ka di$_2$ ta lān$_2$ gu tōm$_2$ ta$_2$) *tōm* {48 pulses}

The mōrā may seem familiar; it is structurally identical to the arudi used throughout *Solkaṭṭu Manual*'s ādi tāḷa tani. The entire composition, at two hundred eighty-eight pulses (one hundred forty-four at performance speed), is native to sankīrṇa jāti, the family of rhythms based on nine. I learned it in ādi tāḷa, which meant beginning halfway or three-quarters of the way through a cycle, depending on the version of ādi tāḷa, namely, one count or two counts per beat. I also use it in miśra capu tāḷa, in which it occupies seventy-two beats, two beats longer than ten full cycles.

In khaṇḍa tripuṭa it fits four thirty-six pulse cycles. As is the case with all kaṇakku figures, the relationship between the tāḷa and the composition is more or less tense throughout, and it may have very little to do with the structure of the tāḷa once we know where it starts (on the first beat) and where it ends (also on the first beat).

The setup, however, is in the realm of sarvalaghu, or time-flow patterns, and must reinforce the structure of the tāḷa. In this case, the tāḷa is formed by grouping a five-beat laghu with two two-beat drutams. The sarvalaghu must carry the time in harmony with those groupings. We begin with a three-beat phrase that might be used to open a rūpaka tāḷa tani, followed by three two-beat phrases. Note that in the *e* phrase that follows, *ta tom kṭ jṇ tk di tlan g* is the same as *ta$_2$ tōm$_2$ ki ṭa jo ṇu ta ka di$_2$ ta lān$_2$ gu*, but at double the speed.

Setup

a. tām$_4$ ta$_2$ din$_2$ din$_2$ na$_2$

b. ta$_2$ din$_2$ din$_2$ na$_2$

c. ta ka din$_2$ din$_2$ na$_2$

d. kṭ tk din$_2$ din$_2$ na$_2$

e. ta tom kṭ jṇ tk di tlan g

Sequences ***(08-116V)***

STAGE 1 (TWICE)
a b c d a b c e

STAGE 2 (TWICE)
a b c e

STAGE 3
a e b e a e c e

Composition

ta tom kṭ jṇ tk di tlan g

• tom kṭ jṇ tk di tlan g {8 pulses each: do this pair of lines twice}

tom kṭ jṇ tk di tlan g

• kṭ jṇ tk di tlan g {7 pulses each: do this pair of lines twice}

kṭ jṇ tk di tlan g {6 pulses, four times}

jṇ tk di tlan g {5 pulses, four times}

tk di tlan g {4 pulses, four times}

Mōrā

(tk di tlan g tom ta) [tom kṭ tk] (tk di tlan g tom ta) [tom kṭ tk] (tk di tlan g tom ta) *tōm*

Voice the initial rests in the third and fourth lines as outbreaths deep in the chest, not as audible syllables. The most challenging lines are likely to be the seven-pulse and five-pulse patterns. Isolate these and practice them with only a regular clap until you can stabilize them. Once they are stable, try the composition in khaṇḍa tripuṭa. If it is still too difficult to synchronize the pattern and tāḷa, practice it in sankīrṇa jāti ēka tāḷa, as found in the *Solkaṭṭu Manual*, chapter 5.

clap pinky ring middle index thumb pinky ring middle

*Arudi **(08-117V)***

The arudi for this tani is a thirty-pulse mōrā that begins after six silent pulses, indicated as follows by italicized syllables, and including the final *tām*:

||*ta ka di mi* |*ta ka* (ta ki |ṭa ta ka •) ||[tām • •] (ta |ki ṭa ta ka |

||ta ka •) [tām |• •] (ta ki ||ṭa ta ka ta |ka ta ka •)|| *tām*

PALANI COMPOSITION **(08-118V)**

As I pointed out in chapter 4, I discovered that the Palani composition could be adapted to khaṇḍa tripuṭa by alternating lines from the catusra and khaṇḍa versions and extending the catusra mōrā by eight pulses. I invite the reader to look at that chapter for a full account of the origin of this sankīrṇa version:

a. tām$_{2}$ ki ṭa ta ka **din$_{3}$ din$_{3}$ din$_{3}$ na$_{3}$** ki ṭa {20 pulses}

b. tom ta ka tom ta ka **din$_{2}$ tām$_{2}$ tām$_{2}$ dī$_{4}$** {16 pulses}

c. •$_{2}$ ki ṭa ta ka **din$_{3}$ din$_{3}$ din$_{3}$ na$_{3}$** ki ṭa {20 pulses}

d. tom ta ka tom ta ka **din$_{2}$ ta ka jo ṇu tām$_{4}$** {16 pulses}

mōrā: {each statement 22 pulses, each gap 3 pulses}

(tām$_{4}$ ta ka di na tom ta ka tom ta ka di na **ta ka$_{2}$ jo nu$_{2}$**) **[tām$_{3}$]**

(tām$_{4}$ ta ka di na tom ta ka tom ta ka di na **ta ka$_{2}$ jo nu$_{2}$**) **[tām$_{3}$]**

(tām$_{4}$ ta ka di na tom ta ka tom ta ka di na **ta ka$_{2}$ jo nu$_{2}$**) *tām*

This version can be performed in the same catusra naḍai-tiśra naḍai-double catusra naḍai progression as the original ādi tāḷa version and the khaṇḍa version included in miśra jhampa in chapter 7 of this book. The same strategies for learning it are effective in this case, though the lines are not the same length. In the catusra and khaṇḍa versions, each line, *a*, *b*, *c*, and *d*, is the same number of pulses: sixteen in catusra, twenty in khaṇḍa. This property makes it possible to work on the tiśra naḍai iteration, for example, by finding the thirds of cycles and replacing eight- or ten-syllable patterns with lines from the composition.

The sankīrṇa version is somewhat simpler in this respect, for two reasons. First, each of the thirds of a nine-beat cycle is exactly three beats, making each *pair* of lines, *ab* and *cd*, fit exactly into six beats. Second, the mōrā starts exactly on a beat in all three iterations: the sama for both catusra naḍai iterations and the seventh beat, the wave in the first drutam, in the tiśra naḍai iteration.

The most challenging component in this version is likely to be the mōrā. Notice that each statement is twenty-two pulses, while each gap is three pulses. The first statement and its gap and the second statement and its gap both comprise twenty-five pulses, one more than the twenty-four pulses that fit six beats in catusra naḍai, four beats in tiśra naḍai, and three beats in fast catusra naḍai. The starting point of each statement shifts by one pulse into the next beat, as you can see in the following notation.

Catusra Naḍai Mōrā (Each Beat Four Pulses)

||(tām • • • |ta ka di na |tom ta ka tom |ta ka di na |ta ka • jo ||nu •) [tām • |•]

(tām • • ||• ta ka di |na tom ta ka ||tom ta ka di |na ta ka • |jo nu •) [tām |• •]

(tām • |• • ta ka ||di na tom ta |ka tom ta ka ||di na ta ka |• jo nu •)|| {18 beats} **(08-119V)**

Tiśra Naḍai Mōrā (Each Beat Six Pulses)

|(tām • • • ta ka ||di na tom ta ka tom |ta ka di na ta ka ||• jo nu •) [tām • |•]

(tām • • • ta |ka di na tom ta ka |tom ta ka di na ta |ka • jo nu •) [tām ||• •]

(tām • • • |ta ka di na tom ta ||ka tom ta ka di na |ta ka • jo nu •)|| {12 beats} **(08-120V)**

Fast Catusra Naḍai Mōrā (Notation at Half Speed, Each Beat Eight Pulses)

||(tām • • • ta ka di na |tom ta ka tom ta ka di na |ta ka • jo nu •) [tām • |•]

(tām • • • ta ka di |na tom ta ka tom ta ka di ||na ta ka • jo nu •) [tām |• •]

(tām • • • ta ka ||di na tom ta ka tom ta ka |di na ta ka • jo nu •)|| {9 beats} **(08-121V)**

The second statement in each mōrā is likely to need the most practice. Use a steady clap without a specific tāḷa to get the feel of these. Each of the following counting solkaṭṭu phrases is one pulse longer than a full beat and will take you to the starting point of this statement: *ta ka ta ki ṭa* (five) for catusra naḍai; *ta ka di mi ta ki ṭa* (seven) for tiśra naḍai, and *ta ka di mi ta ka ta ki ṭa* (nine) for fast catusra naḍai.

Catusra Naḍai

|*ta ka ta ki* |*ṭa* **(tām** • • |• ta ka di |na tom ta ka |tom ta ka di |na ta ka • |jo nu •) [tām |• •]

Tiśra Naḍai

|*ta ka di mi ta ki* |*ṭa* **(tām** • • • ta |ka di na tom ta ka |tom ta ka di na ta |ka • jo nu •) [tām |• •]

Fast Catusra Naḍai ***(08-122V)***

|*ta ka di mi ta ka ta ki* |*ṭa* **(tām** • • • ta ka di |na tom ta ka tom ta ka di ||na ta ka • jo nu •) [tām |• •]

When you have mastered each of the second statements, reinsert it into its full mōrā. Now you can try it in khaṇḍa tripuṭa, returning to the counting solkaṭṭu method when necessary.

Arudi in Tiśra Naḍai ***(08-123V)***

The thirty-pulse arudi occupies five beats in tiśra naḍai. Count four silent beats at six pulses per beat, using the phrase *ta ki ṭa*:

||**ta** *ki ṭa* **ta** *ki ṭa* | **ta** *ki ṭa* **ta** *ki ṭa* | **ta** *ki ṭa* **ta** *ki ṭa* | **ta** *ki ṭa* **ta** *ki ṭa* |(ta ki ṭa ta ka •)

||[tām • •] (ta ki ṭa |ta ka ta ka •) [tām ||• •] (ta ki ṭa ta |ka ta ka ta ka •)||

CATUSRA MŌRĀS IN SHIFTING NAḌAIS

We have already experienced Palani Subramania Pillai's predilection for applying patterns from one metric setting to another. The original Palani composition, for example, was innovative when he first introduced it, partly because of his application of native catusra patterns to tiśra naḍai. He also made patterns that subtly slipped back and forth between different naḍais in a kind of metric sleight of hand. He made slight changes in sarvalaghu patterns from one pulse rate to the next until settling in the target naḍai. His transition from catusra naḍai into khaṇḍa naḍai was distinctive enough that it is still a marker of the Palani style.

Consider the following example. A medium tempo eight-pulse sarvalaghu pattern, *din*$_2$ *ta na ta ta jo ṇu*, fits three times in one cycle of ādi tāḷa and ends with the eight-pulse figure *tan ta ku tām*$_2$ *tām*$_2$ *ta*.

||**din** • ta na |ta ta jo ṇu |**din** • ta na |ta ta jo ṇu |

||**din** • ta na |ta ta jo ṇu ||**tan** ta ku tām |• tām • ta|| **(08-124V)**

Add two syllables to each eight-pulse phrase, so that each is now ten pulses. Increase the pulse rate from four to five, as follows. The added syllables are italicized.

||**din** • ta na ta| ta jo ṇu *ta na* |**din** • ta na ta| ta jo ṇu *ta na* |

||**din** • ta na ta| ta jo ṇu *ta na* ||**tan** ta ku tām • |tām • *tām* • ta|| **(08-125V)**

If you practice this pair of patterns back and forth with a metronome, you may notice a perceptual effect. The tāḷa seems to be speeding up and slowing down. The difference in speed from catusra naḍai to khaṇḍa naḍai is not as dramatic as a shift from catusra to tiśra, and when the patterns are as similar as these, the shift may at first be puzzling. As I was teaching this naḍai shifting to one of my classes, a student who had not yet caught the nature of the shift asked, "What is that? Tiśram?" A student who *had* understood answered, "Just about."

Khaṇḍa tripuṭa tāḷa offers an opportunity to use this shifting between catusra and khaṇḍa naḍais somewhat differently. Instead of ending the shift by settling in khaṇḍa, this section of the tani shifts back and forth throughout. The same ten-pulse phrases occur in catusra naḍai during the five-beat laghu and shift to khaṇḍa naḍai during the two drutams. Once we get to stage 3, the shifts occur during pattern *e* and continue through the three mōrās. Since the usual shorthand for the sequences cannot notate this shift, I have written out the setup and mōrās from stage 3.

Mōrās 2 and 3 are examples that include smaller mōrās within the structure of the original. Each is thirty-two pulses, and each begins with the same (*d*) [*f*]. In each mōrā, the smaller mōrā begins part of the way through the second statement.[28]

Elements

a. din$_2$ ta na ta ta jo ṇu ta na {10 pulses}

b. jo ṇu ta na ta ta jo ṇu ta na {10 pulses}

c. tan ta ku tām$_2$ tām$_2$ tām$_2$ ta {10 pulses}

d. tan ta ku tām$_2$ tām$_2$ ta {8 pulses}

e. tan ta ku tām$_2$ ta {6 pulses}

f. tām$_4$ {4 pulses}

Mōrā 1

(tan ta ku tām$_2$ tām$_2$ ta) [tām$_4$]

(tan ta ku tām$_2$ tām$_2$ ta) [tām$_4$]

(tan ta ku tām$_2$ tām$_2$ ta) {32 pulses}

28. Sankaran (1989, 60) refers to these as "submōrās."

Mōrā 2

(tan ta ku tām$_2$ tām$_2$ ta) [tām$_4$] (tan ta ku tām$_2$ (tām$_2$ ta) [tām$_3$] (tām$_2$ ta) [tām$_3$] (tām$_2$ ta) {32 pulses}

Mōrā 3

(tan ta ku tām$_2$ tām$_2$ ta) [tām$_4$] (tan ta ku (tām$_2$ tām$_2$ ta) [•] (tām$_2$ tām$_2$ ta) [•] (tām$_2$ tām$_2$ ta) {32 pulses}

Sequences: <c> Indicates Catusra Naḍai, <k> Indicates Khaṇḍa Naḍai

STAGE 1 (TWICE)

<c> a b <k> b

<c> a b <k> b c

STAGE 2 (TWICE)

<c> a b <k> b c

STAGE 3 WITH MŌRĀ 1

<c>

c c

||**tan** ta ku tām |• tām • tām |• ta **tan** ta |ku tām • tām |• tām • ta|

<k>

d d + first four pulses of e

||**tan** ta ku tām • |tām • ta **tan** ta ||ku tām • tām • |ta **tan** ta ku tām||

<c>

||• ta **tan** ta |ku tām• ta |(tan ta ku tām |• tām • ta) |[tām • • •]|

<k>

||(tan ta ku tām • |tām • ta) [tām • ||• •](tan ta ku |tām • tām • ta)|| **(08-126V)**

STAGE 3 WITH MŌRĀ 2

<c>

c c

||**tan** ta ku tām |• tām • tām |• ta **tan** ta |ku tām • tām |• tām • ta|

<k>

d d + first four pulses of e

||**tan** ta ku tām • |tām• ta **tan** ta ||ku tām • tām • |ta **tan** ta ku tām||

<c>

||• ta **tan** ta |ku tām• ta |(tan ta ku tām |• tām • ta) [tām • • •]||

<k>

||(tan ta ku tām • |(tām • ta) [tām • ||•](tām • ta) [tām |• •] (tām • ta)|| **(08-127V)**

STAGE 3 WITH MŌRĀ 3

<c>

c c

||**tan** ta ku tām |• tām • tām |• ta **tan** ta |ku tām • tām |• tām • ta|

<k>

d d + first four pulses of e

||**tan** ta ku tām • |tām• ta **tan** ta ||ku tām • tām • |ta **tan** ta ku tām||

<c>

||• ta **tan** ta |ku tām• ta |(tan ta ku tām |• tām • ta) |[tām • • •]||

<k>

||(tan ta ku (tām • |tām • ta) [•] (tām ||• tām • ta) [•] |(tām • tām • ta)|| **(08-128V)**

This set of three thirty-two pulse mōrās appears in Brown[29] as part of the ādi tāḷa lessons he learned from T. Ranganathan, who in turn learned them from Palani Subramania Pillai.

I learned this material from Ranga, and it is still very well received. In December 2016 I played these mōrās in a concert accompanying the vocalist Neyvalli R. Santhanagopalan. After I played the first one, he picked up his microphone and said, "Play it again." I played the second one, and he said, "Give him a microphone. Speak it. Let them enjoy." I recited the third one in konnakkol and got very enthusiastic applause. I believe this material's effectiveness stems from presenting relatively simple material, early ādi tāḷa lessons, in a more challenging context, khaṇḍa naḍai, especially as it shifts into and out of catusra naḍai. The same principle applies to the next section of the tani, the koraippu. Before that, voice the arudi in khaṇḍa naḍai, after three silent five-pulse phrases.

||*ta ka ta ki ṭa* |*ta ka ta ki ṭa* |*ta ka ta ki ṭa* |(ta ki ṭa ta ka |•) [tām • •] (ta |

||ki ṭa ta ka ta |ka •) [tām • •] ||(ta ki ṭa ta ka |ta ka ta ka •)|| **(08-129V)**

29. Brown, vol. 2, 142–44.

CATUSRA KORAIPPU

The "tāḷa minus one" logic that we have used in ādi tāḷa, miśra capu tāḷa, and miśra jhampa tāḷa suggests that khaṇḍa tripuṭa might include a koraippu made up of eight-syllable phrases. But numeric logic alone is not enough to create much interest in this case, since eight-syllable phrases fit squarely into catusra naḍai tāḷa counts. Interest, as we have seen all along, is partly a function of tension and release; if we want a catusra koraippu, we must find a way to generate some tension with the tāḷa.

The first stage of the koraippu comprises eight sets of eight-pulse phrases after eight silent pulses. Its seventy-two pulses take two cycles of the tāḷa, eighteen beats. The eight silent pulses, notated as *tām*$_{8}$ to indicate the end of the previous turn, take two beats; the eight eight-pulse phrases take sixteen beats. We use the phrase *tām*$_{3}$ *di ta ka jo ṇu*.

||*tām*$_{8}$ • • • |• • • • |**tām** • • di |ta ka jo ṇu |**tām** • • di |

||ta ka jo ṇu |**tām** • • di ||ta ka jo ṇu |**tām** • • di ||

||ta ka jo ṇu |**tām** • • di |ta ka jo ṇu |**tām** • • di |ta ka jo ṇu |

||**tām** • • di |ta ka jo ṇu ||**tām** • • di |ta ka jo ṇu||

If you try this using a regular hand clap, you are likely to find it bland. We can generate tension and interest by using two devices. First, let the first eight beats of the eight-pulse phrases remain in catusra naḍai and shift to tiśra naḍai for the second set of eight beats. Tiśra naḍai requires six sets of eight-pulse phrases. In the notation that follows **<c>** indicates catusra naḍai, four pulses per beat, and **<t>** indicates tiśra naḍai, six pulses per beat. Note that the shift to tiśra naḍai occurs on beat two of the second cycle.

<c>

||*tām*$_{8}$ • • • |• • • • |**tām** • • di |ta ka jo ṇu |**tām** • • di |

||ta ka jo ṇu |**tām** • • di ||ta ka jo ṇu |**tām** • • di ||

<t>

||ta ka jo ṇu |**tām** • • di ta ka |jo ṇu **tām** • • di |ta ka jo ṇu **tām** • |• di ta ka jo ṇu |

||**tām** • • di ta ka |jo ṇu **tām** • • di ||ta ka jo ṇu **tām** • |• di ta ka jo ṇu||

You are likely to find this version more interesting. The second device inserts a series of small mōrās into the tiśra naḍai section. These are the mōrās from the first series in *Solkaṭṭu Manual*, chapter 3, in which each statement increases by one pulse from one to the next. They are as follows:

Mōrā 1

(ta) [tām$_2$] (ta) [tām$_2$] (ta) {7 pulses}

Mōrā 2

(din ta) [tām$_2$] (din ta) [tām$_2$] (din ta) {10 pulses}

Mōrā 3

(ka din ta) [tām$_2$] (ka din ta) [tām$_2$] (ka din ta) {13 pulses}

Mōrā 4

(ta ka din ta) [tām$_2$] (ta ka din ta) [tām$_2$] (ta ka din ta) {16 pulses}

Mōrā 5

(ta ka din ta) [tām$_2$] (ka din ta) [tām$_2$] (din ta) [tām$_2$] (ta) {16 pulses}

Mōrā 6

(ta) [tām$_2$] (din ta) [tām$_2$] (ka din ta) [tām$_2$] (ta ka din ta) {16 pulses}

Notice that each of the second, third and fourth mōrās is three pulses longer than the previous one, which means that it must begin three pulses earlier. None of them is longer than sixteen pulses, the same as two iterations of *tām$_3$ di ta ka jo ṇu*. We start, then, with sixteen-pulse groups; each begins with a lead-in phrase and ends with a mōrā. Since each of mōrās four, five, and six fills the entire sixteen-pulse group, we need only lead-in phrases for the first three. The first mōrā, at seven pulses, needs a nine-pulse lead-in; the next one, at ten pulses, takes a six-pulse lead-in; and the third, at thirteen pulses, needs only three pulses. One could simply use counting solkaṭṭu phrases of nine, six, and three pulses. But each of these is divisible by three, a fact we can use to make lead-in phrases that do not require memorization.

Any pattern done in two speeds fits into a multiple of three. Two speeds of one syllable, *ta$_2$ ta*, amount to three pulses. Two speeds of a two-syllable phrase, *ta$_2$ ka$_2$ ta ka*, amount to six pulses, and two speeds of a three-syllable phrase, *ta$_2$ ki$_2$ ṭa$_2$ ta ki ṭa* amount to nine pulses.[30] These three phrases make perfect lead-ins to the first three mōrās in this stage.

MŌRĀ 1 WITH NINE-PULSE LEAD-IN

ta$_2$ ki$_2$ ṭa$_2$ ta ki ṭa (ta) [tām$_2$] (ta) [tām$_2$] (ta) {16 pulses}

MŌRĀ 2 WITH SIX-PULSE LEAD-IN

ta$_2$ ka$_2$ ta ka (din ta) [tām$_2$] (din ta) [tām$_2$] (din ta) {16 pulses}

30. This property of three works at every level of scale. For example, if we pair the original Palani composition, which takes six cycles of ādi tāḷa, with its double-time version, which takes three cycles, the nine-cycle result would make a perfect fit in eight cycles of khaṇḍa tripuṭa.

MŌRĀ 3 WITH THREE-PULSE LEAD-IN

ta$_2$ ka (ka din ta) [tām$_2$] (ka din ta) [tām$_2$] (ka din ta) {16 pulses}

Now insert these sixteen-pulse units into the last four beats of the tāḷa, after one iteration of *tām$_3$ di ta ka jo ṇu.*

||**tām** • • di ta ka |jo ṇu **ta** • ki • ||ṭa • **ta** ki ṭa (ta) |[tām •] (ta) [tām •] (ta)||

||**tām** • • di ta ka |jo ṇu **ta** • ka • ||**ta** ka (din ta) [tām •]|(din ta) [tām •] (din ta)||

||**tām** • • di ta ka |jo ṇu **ta** • **ka** (ka ||din ta) [tām •](ka din |ta) [tām •] (ka din ta)||

Stage 1: Seventy-Two Pulses. <c> Denotes Catusra Naḍai, <t> Denotes Tiśra Naḍai

PATTERN 1 **(08-130V)**

<c>

||*tām* • • • |• • • • |**tām** • • di |ta ka jo ṇu |**tām** • • di |

||ta ka jo ṇu |**tām** • • di ||ta ka jo ṇu |**tām** • • di ||

<t>

||ta ka jo ṇu |**tām** • • di ta ka |jo ṇu **tām** • • di |ta ka jo ṇu **tām** • |• di ta ka jo ṇu |

||**tām** • • di ta ka |jo ṇu **ta** • ki • ||ṭa • **ta** ki ṭa (ta) |[tām •] (ta) [tām •] (ta) ||

PATTERN 2 **(08-131V)**

<c>

||*tām* • • • |• • • • |**tām** • • di |ta ka jo ṇu |**tām** • • di |

||ta ka jo ṇu |**tām** • • di ||ta ka jo ṇu |**tām** • • di ||

<t>

||ta ka jo ṇu |**tām** • • di ta ka |jo ṇu **tām** • • di |ta ka jo ṇu **tām** • |• di ta ka jo ṇu |

||**tām** • • di ta ka |jo ṇu **ta** • ka • ||**ta** ka (din ta) [tām •]|(din ta) [tām •] (din ta) ||

PATTERN 3 **(08-132V)**

<c>

||*tām* • • • |• • • • |**tām** • • di |ta ka jo ṇu |**tām** • • di |

||ta ka jo ṇu |**tām** • • di ||ta ka jo ṇu |**tām** • • di ||

<t>

||ta ka jo ṇu |**tām** • • di ta ka |jo ṇu **tām** • • di |ta ka jo ṇu **tām** • |• di ta ka jo ṇu |

||**tām** • • di ta ka |jo ṇu **ta • ka** (ka ||din ta) [tām •](ka din |ta) [tām •] (ka din ta)||

PATTERN 4 **(08-133V)**

<c>

||*tām* • • • |• • • • |**tām** • • di |ta ka jo ṇu |**tām** • • di |

||ta ka jo ṇu |**tām** • • di ||ta ka jo ṇu |**tām** • • di ||

<t>

||ta ka jo ṇu |**tām** • • di ta ka |jo ṇu **tām** • • di |ta ka jo ṇu **tām** • |• di ta ka jo ṇu |

||**tām** • • di ta ka |jo ṇu (ta ka din ta) ||[tām •](ta ka din ta)|[tām •] (ta ka din ta)||

PATTERN 5 **(08-134V)**

<c>

||*tām* • • • |• • • • |**tām** • • di |ta ka jo ṇu |**tām** • • di |

||ta ka jo ṇu |**tām** • • di ||ta ka jo ṇu |**tām** • • di ||

<t>

||ta ka jo ṇu |**tām** • • di ta ka |jo ṇu **tām** • • di |ta ka jo ṇu **tām** • |• di ta ka jo ṇu |

||**tām** • • di ta ka |jo ṇu (ta ka din ta) ||[tām •] (ka din ta) [tām |•] (din ta) [tām •] (ta)||

PATTERN 6 **(08-135V)**

<c>

||*tām* • • • |• • • • |**tām** • • di |ta ka jo ṇu |**tām** • • di |

||ta ka jo ṇu |**tām** • • di ||ta ka jo ṇu |**tām** • • di ||

<t>

||ta ka jo ṇu |**tām** • • di ta ka |jo ṇu **tām** • • di |ta ka jo ṇu **tām** • |• di ta ka jo ṇu |

||**tām** • • di ta ka |jo ṇu (ta) [tām •] (din ||ta) [tām •] (ka din ta) ||[tām •] (ta ka din ta)||

Stage 2: Thirty-Six Pulses

The second stage of this koraippu reduces each element by half. Four silent pulses precede two iterations of the eight-pulse *tām*$_3$ *di ta ka jo ṇu* in catusra naḍai, then three iterations in tiśra naḍai. The mōrās, together with their lead-ins, replace the second and third of the tiśra naḍai iterations.

PATTERN 1 **(08-136V)**

<c>

||*tām* • • • |**tām** • • di |ta ka jo ṇu |**tām** • • di |ta ka jo ṇu |

<t>

||**tām** • • di ta ka |jo ṇu **ta** • ki • ||ṭa • **ta** ki ṭa (ta) |[tām •] (ta) [tām •] (ta)||

PATTERN 2 **(08-137V)**

<c>

||*tām* • • • |**tām** • • di |ta ka jo ṇu |**tām** • • di |ta ka jo ṇu |

<t>

||**tām** • • di ta ka |jo ṇu **ta** • ka • ||**ta** ka (din ta) [tām •]|(din ta) [tām •] (din ta)||

PATTERN 3 **(08-138V)**

<c>

||*tām* • • • |**tām** • • di |ta ka jo ṇu |**tām** • • di |ta ka jo ṇu |

<t>

||**tām** • • di ta ka |jo ṇu **ta** • **ka** (ka ||din ta) [tām •](ka din |ta) [tām •] (ka din ta)||

PATTERN 4 **(08-139V)**

<c>

||*tām*$_8$ • • • |**tām** • • di |ta ka jo ṇu |**tām** • • di |ta ka jo ṇu |

<t>

||**tām** • • di ta ka |jo ṇu (ta ka din ta) ||[tām •](ta ka din ta)|[tām •] (ta ka din ta)||

PATTERN 5 **(08-140V)**

<c>

||*tām* • • • |**tām** • • di |ta ka jo ṇu |**tām** • • di |ta ka jo ṇu |

<t>

||**tām** • • di ta ka |jo ṇu (ta ka din ta) ||[tām •] (ka din ta) [tām |•] (din ta) [tām •] (ta)||

PATTERN 6 **(08-141V)**

<c>

||*tām* • • • |**tām** • • di |ta ka jo ṇu |**tām** • • di |ta ka jo ṇu |

<t>

||**tām** • • di ta ka |jo ṇu (ta) [tām •] (din ||ta) [tām •] (ka din ta) ||[tām •] (ta ka din ta) ||

Stage 3: Eighteen Pulses **(08-142V)**

There are three ways to approach the third stage of this koraippu, each of which reduces the whole duration by half. Each begins with two silent pulses. The simplest approach inserts two iterations of the phrase *tām*$_3$ *di ta ka jo ṇu* to fill out the remaining sixteen pulses. A second approach inserts the lead-ins and mōrās, each of which is sixteen pulses in catusra naḍai, after the two silent pulses.[31]

The third approach preserves the catusra naḍai to tiśra naḍai shift that characterized the first two stages. After the two silent pulses insert *tām*$_3$ *di ta ka jo ṇu* once, then shift to tiśra naḍai and insert *tām*$_3$ *di ta ka jo ṇu* ***ta ka jo ṇu***. The addition of a second *ta ka jo ṇu* fills out the necessary twelve pulses, as seen in the example that follows. Remember that each iteration of this pattern takes a half cycle, so the second one begins halfway through beat five. Voice the first of the silent pulses as *tām*.

<c> **<t>**

||*tām* • **tām** • |• di ta ka |jo ṇu **tām** • • |di ta ka jo ṇu ta |ka jo ṇu *tām* • •|

<c> **<t>**

||**tām** • • di |ta ka jo ṇu ||**tām** • • di ta ka |jo ṇu ta ka jo ṇu||

The most challenging part of this stage is that the change to tiśra naḍai in the first iteration happens midway through the third beat. Practice with a metronome or tāḷa app, beginning with a simple clap until the shift is stable. This approach to stage 3 is tricky, but as the video my students made demonstrates, not impossible, and quite interesting. If you find it too challenging, feel free to use one of the other approaches.

31. A clever reader might notice that it is also possible to voice these lead-ins and mōrās in tiśra naḍai, as they have been performed in the first two stages. This requires thinking of the two silent pulses as three tiśra naḍai pulses. It is also possible to alternate between catusra and tiśra from one player to the next.

Stage 4: Nine Pulses ***(08-143V)***

The pattern changes in this stage in order to set up the unison reduction that follows it. A single silent pulse precedes the phrase *ta* din_2 gi_2 na_2 *tom*. Each pair, the silent pulse and the phrase, comprises nine pulses, one quarter of the cycle, as indicated in the example.

||• **ta** din • |gi • ṇa • |tom • **ta** din |• gi • ṇa |• tom • **ta** ||din • gi • |ṇa • tom • ||**ta** din • gi |• ṇa • to**m**||

ENDING SECTION

Unison Reduction: Each Pattern Four Times ***(08-144V)***

ta din_2 gi_2 $ṇa_2$ tom {32 pulses}

ta din_2 gi $ṇa_2$ tom {28 pulses}

ta din_2 gi ṇa tom {24 pulses}

ta din gi ṇa tom {20 pulses}

din gi ṇa tom {16 pulses}

gi ṇa tom {12 pulses}

ṇa tom {8 pulses}

tōm {4 pulses}

Each of the three previous tāḷas, ādi, miśra capu, and miśra jhampa, has included a unison reduction that ended with a mōrā using a single syllable, (*ta*), as its statement. This reduction ends with a single iteration of a kōrvai, the first part of which begins with a nine-pulse phrase and ends with a single syllable. The mōrā comprises three nine-pulse statements with gaps of zero.

ta ka di ku ta din gi ṇa tom {9 pulses}

ta ki ṭa ta din gi ṇa tom {8 pulses}

ta ka ta din gi ṇa tom {7 pulses}

ta ta din gi ṇa tom {6 pulses}

ta din gi ṇa tom {5 pulses}

din gi ṇa tom {4 pulses}

gi ṇa tom {3 pulses}

ṇa tom {2 pulses}

tom {1 pulse}

(ta$_2$ din$_2$ gi$_2$ ṇa$_2$ tom) (ta$_2$ din$_2$ gi$_2$ ṇa$_2$ tom) (ta$_2$ din$_2$ gi$_2$ ṇa$_2$ tom) {27 pulses} **(08-145V)**

You can quickly calculate the total of an orderly series such as the beginning of this kōrvai by a simple device. Notice that the first and last numbers, nine and one, add up to ten. The same is true of eight and two, seven and three, and six and four, making four sets of ten, or forty. The middle term, five, makes forty-five. The twenty-seven-pulse mōrā fills out the seventy-two pulses required for two full cycles of khaṇḍa tripuṭa.[32] The kōrvai leads directly to the periya mōrā.

*Periya Mōrā **(08-146V)***

The periya mōrā for this tani is closely related to the ādi tāḷa version in *Solkaṭṭu Manual*, and to the miśra capu version in chapter 6 of this book. That chapter includes detailed instructions for working through any periya mōrā. Consult those instructions when you work on this one. Put briefly, learn it from the end backward in order to avoid the most common errors.

Periya Mōrā Notated at Half Speed

ELEMENTS

a. ta ri gi ḍu di$_4$ tān$_2$ gi ḍu di ku ta ka ta ri gi ḍu

b. ta$_2$ di$_2$ tān$_2$ gi ḍu di ku ta ka ta ri gi ḍu

c. ta lān$_2$ gu

d. tōm$_2$ ta$_2$

e. tōm$_4$

SEQUENCES

a b a c d c e {twice}

a b a c e

b c e

a

(cd)[e]

I learned this periya mōrā in ādi tāḷa as a tiśra naḍai alternative to the one in *Solkaṭṭu Manual*. I realized early on that it would also work in the three-beat rūpaka tāḷa in catusra naḍai,[33] but it

32. I adapted this kōrvai from an ādi tāḷa kōrvai taught by T. Ranganathan. His version omits the first phrase, *ta ka di ku ta din gi ṇa tom*, resulting in a sixty-three-pulse composition, which he started after one silent pulse.

33. It also works in rūpaka tāḷa in tiśra naḍai.

only occurred to me when I was designing this tani that it would fit khaṇḍa tripuṭa. At one hundred forty-four pulses (9∗16), it is actually *native* to nine-beat meters.

Ending Kōrvai ***(08-147V)***

The final kōrvai for this tani is adapted from the tiśra naḍai kōrvai in *Solkaṭṭu Manual*, chapter 9. Its form is extremely versatile. I learned its ādi tāḷa version from T. Viswanathan, who often used it to end sections of svara kalpana. The source of its versatility is found in the silences at the ends of lines one and two, and in the mōrā gaps. Here it is with all spaces at zero. The pulse total is forty-two.

ta di$_2$ ta tōm$_3$ ta di ki ṭa tom {12 pulses}

di$_2$ ta tōm$_3$ ta di ki ṭa tom {11 pulses}

ta tōm$_3$ (ta di ki ṭa tom) (ta di ki ṭa tom) (ta di ki ṭa tom) {4 + 15 = 19 pulses}

In *Solkaṭṭu Manual*, chapter 9, we added six pulses in order to bring the total to forty-eight, two cycles of tiśra naḍai ādi tāḷa. Khaṇḍa tripuṭa comprises seventy-two pulses in two cycles, so we must add thirty pulses to the original forty-two. The easiest places to add these are the ends of lines one and two, leaving the mōrā gaps at zero:

ta di$_2$ ta tōm$_3$ ta di ki ṭa tom **tām**$_{15}$ {12 + 15 = 27 pulses}

di$_2$ ta tōm$_3$ ta di ki ṭa tom **tām**$_{15}$ {1 + 15 = 26 pulses}

ta tōm$_3$ (ta di ki ṭa tom) (ta di ki ṭa tom) (ta di ki ṭa tom) {4 + 15 = 19 pulses}

I have detailed several methods for counting silences. In this case, we voice the spaces in the first iteration as five three-pulse syllables, *ta*$_3$ *di*$_3$ *ki*$_3$ *ṭa*$_3$ *tōm*$_3$.

ta di$_2$ ta tōm$_3$ ta di ki ṭa tom ***ta***$_3$ ***di***$_3$ ***ki***$_3$ ***ṭa***$_3$ ***tōm***$_3$ {12 + 15 = 27 pulses}

di$_2$ ta tōm$_3$ ta di ki ṭa tom ***ta***$_3$ ***di***$_3$ ***ki***$_3$ ***ṭa***$_3$ ***tōm***$_3$ {11 + 15 = 26 pulses}

ta tōm$_3$ (ta di ki ṭa tom) (ta di ki ṭa tom) (ta di ki ṭa tom) {4 + 15 = 19 pulses}

The second iteration decreases the "upper" spaces to twelve, *ta*$_3$ *ka*$_3$ *di*$_3$ *mi*$_3$, and inserts three pulses, *tām*$_3$, into each mōrā gap.

ta di$_2$ ta tōm$_3$ ta di ki ṭa tom ***ta***$_3$ ***ka***$_3$ ***di***$_3$ ***mi***$_3$ {12 + 12 = 24 pulses}

di$_2$ ta tōm$_3$ ta di ki ṭa tom ***ta***$_3$ ***ka***$_3$ ***di***$_3$ ***mi***$_3$ {11 + 12 = 23 pulses}

ta tōm$_3$ (ta di ki ṭa tom) **[tām$_3$]** (ta di ki ṭa tom) **[tām$_3$]** (ta di ki ṭa tom) {4 + 21 = 25 pulses}

The third iteration decreases the upper spaces to nine, *ta*$_3$ *ki*$_3$ *ṭa*$_3$, and increases the mōrā gaps to six pulses, voiced as *tām*$_2$ *tām*$_2$ *tām*$_2$. into each mōrā gap.

ta di$_2$ ta tōm$_3$ ta di ki ṭa tom ***ta***$_3$ ***ki***$_3$ ***ṭa***$_3$ {12 + 9 = 21 pulses}

di$_2$ ta tōm$_3$ ta di ki ṭa tom ***ta***$_3$ ***ki***$_3$ ***ṭa***$_3$ {11 + 9 = 20 pulses}

ta tōm$_3$ (ta di ki ṭa tom) **[*tām*$_2$ *tām*$_2$ *tām*$_2$]** (ta di ki ṭa tom) **[*tām*$_2$ *tām*$_2$ *tām*$_2$]** (ta di ki ṭa tom) {4 + 27 = 31 pulses}

Variation on the Third Iteration ***(08-148V)***

The video version of this tani includes a variation on this third iteration, a change to tiśra naḍai in which three statements take the place of the last two. At first glance this does not appear to be possible. The last two statements include one six-pulse gap, (5) [6] (5), a total of sixteen pulses. A tiśra naḍai mōrā would comprise three five-pulse statements and two six-pulse gaps, (5) [6] (5) [6] (5), a total of twenty-seven pulses. This is three pulses too long for a tiśra naḍai substitution for sixteen, which would be twenty-four. The solution requires changing to tiśra naḍai in the first mōrā gap, which happens midway through beat four of the second cycle. The two gaps and the last two statements [6] (5) [6] (5) comprise twenty-two pulses. The tiśra naḍai substitution, [6] (5) [6] (5) [6] (5), makes up thirty-three. The notation below indicates the tiśra naḍai substitution by the marker **<t>** above the line, and by italicized text for the substituted syllables.

<c>

||**ta** di • ta |tōm • • ta |di ki ṭa tom |ta • • ki |• • ṭa • |

||• **di** • ta |tōm • • ta ||di ki ṭa tom |ta • • ki ||

<t>

||• • ṭa • |• **ta** tōm • |• (ta di ki |ṭa tom) [*tām* • *tām* |• *tām* •] (*ta di ki* |

||*ṭa tom*) [*tām* • *tām* • |*tām* •] (*ta di ki ṭa* ||*tom*) [*tām* • *tām* • *tām* |•] (*ta di ki ṭa tom*)||

Done with precision, this variation infuses the third iteration, the last event in the tani, with climactic energy. Precision is the critical property here. If the group lacks sufficient control and coordination among the players to do this variation perfectly, it is more important to execute the original version precisely. Remember to work on the tiśra naḍai substitution first with a regular clap but no tāḷa until it is stable, using counting solkaṭṭu such as the following syllables:

<c> **<t>**

||ta ka di mi |ta ka di mi |ta ka di mi |ta ka [*tām* • *tām* |• *tām* •] (*ta di ki* |

||*ṭa tom*) [*tām* • *tām* • |*tām* •] (*ta di ki ṭa* ||*tom*) [*tām* • *tām* • *tām* |•] (*ta di ki ṭa tom*)||

2 VIDEOS OF THE THREE TANI ĀVARTANAMS

Videos 09-149, 09-150, and 09-151 show ensembles made up of my Wesleyan students performing the three tani āvartanams detailed in the preceding chapters. These videos were recorded in the World Music Hall at Wesleyan University between December 2016 and October 2017. While the participating students were members of my South Indian Percussion course and were studying mṛdaṅgam, none of them was accomplished enough on the instrument to play the material they perform here in konnakkol.

I teach konnakkol and mṛdaṅgam performance in entirely separate class sessions, and most of the students in question were at relatively rudimentary stages of instrumental study. I say this not in order to belittle their achievements: quite the contrary is true. I say it to draw attention to the fact that their konnakkol performance was neither directly connected to the drum, nor dependent on it in any way. Any group of serious and talented musicians with the proper background and training is capable of learning this material.

I invite you, the reader, to examine these performances with an eye to learning to do it yourself with the help of this book. It would not be the first time this happened. Poorya Pakshir, an accomplished Iranian musician who appears in all three videos, made a video of the tani āvartanam from Solkaṭṭu Manual with his Iranian student colleagues, which I include as 09-152. They made this after Poorya's first year at Wesleyan, 2016–2017. And Tobias Frohnhöfer, a percussionist from Germany who is a student of my friend and colleague

Christian Scheuber, came to Wesleyan for the academic year 2014–2015. After his return to Germany, he recorded a piece called "South Indian Voyage," with Tobias playing vibraphone and Christian playing drumset. This piece, included in the following list as 09-153, comprised material in miśra capu tāḷa, much of which is found in chapter 6.

The performers listed in the first three videos came from the United States, Singapore, Iran, and Poland, and were all undergraduate and graduate students in Wesleyan's World Music Program. The musicians in the last two videos came from Iran and Germany.

THE PERFORMERS

09-149 Tani āvartanam in miśra capu tāḷa
Left to right: Poorya Pakshir (Iran) and Gene Lai (Singapore). Recorded October 19, 2017, World Music Hall, Wesleyan University. Ben Travers, videographer.

09-150 Tani āvartanam in miśra jāti jhampa tāḷa
Left to right: Gene Lai (Singapore), Tomasz Arnold (Poland), Tano Brock (USA), Poorya Pakshir (Iran), Ben Klausner (USA), and Bram Wollowitz (USA). Recorded December 7, 2016, World Music Hall, Wesleyan University. John Wareham, videographer.

09-151 Tani āvartanam in khaṇḍa jāti tripuṭa tāḷa
Left to right: Gene Lai (Singapore), Tano Brock (USA), Brian Fairley (USA), and Ben Klausner (USA). Recorded December 7, 2016, World Music Hall, Wesleyan University. John Wareham, videographer.

09-152 Tani āvartanam in ādi tāḷa, using material from *Solkaṭṭu Manual*
Poorya Pakshir, Masoud Tavarro, Shima Etminan, Pouya Nejat, Shima Gholzom, and Ali Yazdanpanah (all from Iran). Recorded August 14, 2017, Ehsan Hall, Shiraz, Iran.

09-153 "South Indian Voyage," a tani āvartanam in miśra capu tāḷa
Tobias Frohnhöfer, vibraphone, and Christian Scheuber, drumset (both from Germany). Recorded July 4, 2016, Alte Feuerwache, Mannheim, Germany.

3 NOTATION

KEY TO THE NOTATION

A single vertical line, |, designates a beat, whether two-pulse (in miśra capu) or four-pulse (both the other tāḷās).

A double vertical line, ||, designates a clap, whether palm up (beats one and two in miśra capu) or down (both the other tāḷās, and beats four and six in miśra capu). It also designates the ends of cycles throughout.

A colon, :, designates beginnings and endings of sections to be repeated.

A mōrā is indicated by statements in parentheses (S), and gaps in brackets [G].

The naḍai may be assumed to be catusra, four pulses per beat (two in miśra capu), unless marked by the symbol <t> (for tiśram), <k> (for khaṇḍam), or <c>, when returning to catusra.

Letters, numbers, and Roman numerals in the line showing beats of the cycle refer to structural markers in the text.

Miśra Capu Tāḷa

Opening Section: Setup and Mōrās (06-037-9V)

1a	**2**	3	**$4b_8$**	5	**6**	7
‖:ta •	‖ din •	na •	‖ ta ka	din •	‖ din •	na • ‖
1c	**2**	3	**$4d_8$**	5	**6**	7
‖• •	‖din •	na •	‖ki ṭa ta ka	din •	‖ din •	na • ‖
1a	**2**	3	**$4b_8$**	5	**6**	7
‖ta •	‖din •	na •	‖ta ka	din •	‖ din •	na • ‖
1c	**2**	3	**4e**	5	**6**	7
‖• •	‖din •	na •	‖• •	ta ta	‖ ki ṭa tom	tom ta :‖
1a	**2**	3	**$4b_8$**	5	**6**	7
‖:ta •	‖ din •	na •	‖ ta ka	din •	‖ din •	na • ‖
1c	**2**	3	**4e**	5	**6**	7
‖• •	‖din •	na •	‖• •	ta ta	‖ ki ṭa tom	tom ta :‖
1a	**2**	3	**4e**	5	**6**	7
‖ta •	‖din •	na •	‖• •	ta ta	‖ ki ṭa tom	tom ta ‖

$1b_6$	**2**	3	**4**	5	**6**	7
ta ka	din •	na •	• •	ta ta	ki ṭa tom	tom ta
1c	**2**	3	**4e**	5	**6**	7
• •	din •	na •	• •	ta ta	ki ṭa tom	tom ta
$1d_6$	**2**	3	**4e**	5	**6**	7
ki ṭa ta ka	din •	na •	• •	ta ta	ki ṭa tom	tom ta
1	**2**	3	**4**	5	**6**	7
(ta ta	kṭ tom	tom ta)	[tām •	• •	•](ta	ta kṭ
1	**2**	3	**4**	5	**6**	7
tom tom	ta)[tām	• •	• •]	(ta ta	kṭ tom	tom ta)
1v.1 gōpucca	**2**	3	**4**	5	**6**	7
(ta ta	kṭ tom	tom ta)	[tām •	•](kṭ	tom tom	ta)[tām
1	**2**	3	**4**	5	**6**	7
• •]	(tom tom	ta)[tām	• •]	(tom ta)	[tām •	•](ta)
1v.2 sroto	**2**	3	**4**	5	**6**	7
(ta)[tām	• •]	(tom ta)	[tām •	•](tom	tom ta)	[tām •
1	**2**	3	**4**	5	**6**	7
•](kṭ	tom tom	ta)[tām	• •]	(ta ta	kṭ tom	tom ta)

1arudi	**2**	3	**4**	5	**6**	7
‖(tk tr	‖kṭ tom	| tom ta	)‖[tām •	|tr kṭ	‖tk](tk	|tr kṭ ‖
1	**2**	3	**4**	5	**6**	7
‖tom tom	‖ta) [tām	| • tr	‖ kṭ tk	]|(tk tr	‖ kṭ tom	| tom ta ‖

Second Mōrā Series (06-040-45V)

1a	**2**	3	**4b**	5	**6**	7
‖:din •	‖ ta ta	| jo ṇu	‖ din •	| ta na	‖ ta ta	| jo ṇu ‖
1c	**2**	3	**4d**	5	**6**	7
‖jo ṇu	‖ta ta	| jo ṇu	‖ jo ṇu	| ta na	‖ ta ta	| jo ṇu :‖
1b	**2**	3	**4**	5d	**6**	7
‖din •	‖ta na	| ta ta	‖jo ṇu	|jo ṇu	‖ta na	|ta ta ‖
1	**2{12 pulses}**	3	**4**	5	**6**	7
‖jo ṇu	‖ (tr kṭ	| tom)(tk	‖ tr kṭ	| tom)(kṭ	‖ tk tr	| kṭ tom)‖
1a	**2**	3	**4b**	5	**6**	7
‖:din •	‖ ta ta	| jo ṇu	‖ din •	| ta na	‖ ta ta	| jo ṇu ‖
1c	**2**	3	**4d**	5	**6**	7
‖jo ṇu	‖ta ta	| jo ṇu	‖ jo ṇu	| ta na	‖ ta ta	| jo ṇu :‖

1a **2** 3 **4d** 5 **6** 7
‖din • ‖ta ta | jo ṇu ‖jo ṇu | ta na ‖ta ta | jo ṇu ‖

1{14 pulses} **2** 3 **4** 5 **6** 7
‖(tr kṭ ‖ tom)[•] |(tk tr ‖kṭ tom)[•] (kṭ ‖tk tr |kṭ tom)‖

1a **2** 3 **4b** 5 **6** 7
‖:din • ‖ ta ta | jo ṇu ‖ din • | ta na ‖ ta ta | jo ṇu ‖

1c **2** 3 **4d** 5 **6** 7
‖jo ṇu ‖ta ta | jo ṇu ‖ jo ṇu | ta na ‖ ta ta |jo ṇu :‖

1a **2** 3 **4c** 5 **6** 7**{16 pulses}**
‖din • ‖ta ta | jo ṇu ‖jo ṇu | ta ta ‖jo ṇu |(tr kṭ ‖

1 **2** 3 **4** 5 **6** 7
‖ tom)[• ‖•] (tk | tr kṭ ‖tom)[• | •] (kṭ ‖ tk tr | kṭ tom)‖

Kōrvai from *Solkaṭṭu Manual* Chapter Eight, Adapted for Miśra Capu

Sarvalaghu and Filled-out Version (06-047V)

1 STAGE I a **2** 3 **4** 5 **6** 7
‖:ta • ‖• din |• • ‖din • |• na ‖• • |ki ṭa ‖

1b		2		3		4		5		6		7		
‖ta	ta	‖ ku	din	| •	•	‖ din	•	| •	na	‖ •	•	| ki	ṭa	‖

1c		2		3		4		5		6		7		
‖ •	•	‖ •	din	| •	•	‖ din	•	| •	na	‖ •	•	| ki	ṭa	‖

1b		2		3		4		5		6		7		
‖ta	ta	‖ ku	din	| •	•	‖ din	•	| •	na	‖ •	•	| ki	ṭa	‖

1d		2		3		4		5		6		7		
‖tām	•	‖ tr	gḍ	| ta	•	‖tr	gg	| tr	gḍ	‖dk	tk	|tr	gḍ	:‖

1 **STAGE II a**		2		3		4		5		6		7		
‖ta	•	‖ •	din	| •	•	‖ din	•	| •	na	‖ •	•	| ki	ṭa	‖

1b		2		3		4		5		6		7		
‖ta	ta	‖ ku	din	| •	•	‖ din	•	| •	na	‖ •	•	| ki	ṭa	‖

1d		2		3		4		5		6		7		
‖tām	•	‖tr	gḍ	| ta	•	‖ tr	gg	| tr	gḍ	‖ dk	tk	| tr	gḍ	‖

1c		2		3		4		5		6		7		
‖ •	•	‖ •	din	| •	•	‖ din	•	| •	na	‖ •	•	| ki	ṭa	‖

1b		2		3		4		5		6		7		
‖ ta	ta	‖ ku	din	| •	•	‖ din	•	| •	na	‖ •	•	| ki	ṭa	‖
1d		2		3		4		5		6		7		
‖ tām	•	‖ tr	gḍ	| ta	•	‖ tr	gg	| tr	gḍ	‖ dk	tk	| tr	gḍ	:‖
1 STAGE III a		2		3		4		5		6		7		
‖: ta	•	‖ •	din	| •	•	‖ din	•	| •	na	‖ •	•	| ki	ṭa	‖
1d		2		3		4		5		6		7		
‖ tām	•	‖ tr	gḍ	| ta	•	‖ tr	gg	| tr	gḍ	‖ dk	tk	| tr	gḍ	:‖
1b		2		3		4		5		6		7		
‖ ta	ta	‖ ku	din	| •	•	‖ din	•	| •	na	‖ •	•	| ki	ṭa	‖
1d		2		3		4		5		6		7		
‖ tām	•	‖ tr	gḍ	| ta	•	‖ tr	gg	| tr	gḍ	‖ dk	tk	| tr	gḍ	:‖
1c		2		3		4		5		6		7		
‖ •	•	‖ •	din	| •	•	‖ din	•	| •	na	‖ •	•	| ki	ṭa	‖
1d		2		3		4		5		6		7		
‖ tām	•	‖ tr	gḍ	| ta	•	‖ tr	gg	| tr	gḍ	‖ dk	tk	| tr	gḍ	‖
1b		2		3		4		5		6		7		
‖ ta	ta	‖ ku	din	| •	•	‖ din	•	| •	na	‖ •	•	| ki	ṭa	‖

1d	**2**	3	**4**	5	**6**	7
‖ tām •	‖ tr gḍ	| ta •	‖ tr gg	| tr gḍ	‖ dk tk	| tr gḍ ‖
1 STAGE IV 3**x**	**2**	3	**4**	5	**6**	7
‖ :tām •	‖ tr gḍ	| ta •	‖ tr gg	| tr gḍ	‖ dk tk	| tr gḍ :‖
1 kōrvai a	**2**	3	**4**	5	**6**	7 **b**
‖ tr gḍ	‖ ta •	| tr gg	‖ tr gḍ	| dk tk	‖ tr gḍ	| tr gḍ ‖
1	**2**	3c	**4**	5**d**	**6** **a**	7
‖ tk jṇ	‖ ta •	| tom •	‖ ta •	| tām •	‖ • tr	| gḍ ta ‖
1	**2**	3	**4**	5 **b**	**6**	7
‖ • tr	‖ gg tr	| gḍ dk	‖ tk tr	| gḍ tr	‖ gḍ tk	| jṇ ta ‖
1 **c**	**2**	3 d	**4**	5**a**	**6**	7
‖ • tom	‖ • ta	| • tām	‖ • •	| tr gḍ	‖ ta •	| tr gg ‖
1	**2**	3	**4b**	5	**6**	7**c**
‖ tr gḍ	‖ dk tk	| tr gḍ	‖ tr gḍ	| tk jṇ	‖ ta •	| tom • ‖
1	**2 d**	3 **b**	**4**	5	**6** **c**	7
‖ ta •	‖ tām •	| • tr	‖ gḍ tk	| jṇ ta	‖ • tom	| • ta ‖
1 **d**	**2**	3 **b**	**4**	5	**6(c)**	7
‖ • tām	‖ • •	| tr gḍ	‖ tk jṇ	| ta •	‖ (tom •	| ta •)‖

1[d] 2 (c) 3 4 [d] 5 6(c) 7

|| [tām • || •](tom | • ta || •)[tām | • •]||(tom • | ta •)||

Bridge Kōrvai to Tiśra Naḍai

Sarvalaghu and Kōrvai (06-048V)

1a 2 3 4b 5 6 7

||:din • || ta ta | din • || din • | ta na || ta ta | din • ||

1c 2 3 4d 5 6 7

|| • • || ta ta | din • || jo ṇu | ta na || ta ta | din • ||

1a 2 3 4d 5 6 7

|| din • || ta ta | din • || jo ṇu | ta na || ta ta | din • ||

1c 2 3 $4e_8$ 5 6 7

|| • • || ta ta | din • || ta • | ki ṭa || tōm • | ki ṭa ||

1a 2 3 4 5 6 7

|| din • || ta ta | din • || din • | ta na || ta ta | din • ||

1c 2 3 4d 5 6 7

|| • • || ta ta | din • || jo ṇu | ta na || ta ta | din • ||

1a	**2**	3	**4d**	5	**6**	7
din •	ta ta	din •	jo ṇu	ta na	ta ta	din •
1c	**2**	3	**4e$_{12}$<t>**	5	**6**	7
• •	ta ta	din •	• • •	• ta •	ki ṭa tōm	• ki ṭa :
1a	**2**	3	**4d**	5	**6**	7
:din •	ta ta	din •	jo ṇu	ta na	ta ta	din •
1c	**2**	3	**4e$_8$**	5	**6**	7
• •	ta ta	din •	ta •	ki ṭa	tōm •	ki ṭa
1a	**2**	3	**4d**	5	**6**	7
din •	ta ta	din •	jo ṇu	ta na	ta ta	din •
1c	**2**	3	**4e$_{12}$<t>**	5	**6**	7
• •	ta ta	din •	• • •	• ta •	ki ṭa tōm	• ki ṭa :
1	**2**	3	**4e$_8$**	5	**6**	7
:din •	ta ta	din •	ta •	ki ṭa	tōm •	ki ṭa
1c	**2**	3	**4e$_{12}$<t>**	5	**6**	7
• •	ta ta	din •	• • •	• ta •	ki ṭa tōm	• ki ṭa :
1 kōrvai <c>	**2**	3	**4**	5	**6**	7
ta •	ki ṭa	tōm •	ki ṭa	tōm •	• ta	tōm •

1	2	3	4	5	6	7
‖ki ṭa	‖ tōm •	| • ta	‖tōm •	| ki ṭa	‖ tōm •	| • (ta ‖
‖di ki	‖ ṭa tom)	| (ta di	‖ki ṭa	| tom)(ta	‖ di ki	| ṭa tom)‖
<t> 3**x** ‖:ta • ki	‖ ṭa tōm •	| ki ṭa tōm	‖ • • ta	| tōm • ki	‖ ṭa tōm •	| • ta tōm ‖
‖ • ki ṭa	‖tōm • •	| (ta di ki	‖ṭa tom)(ta	| di ki ṭa	‖ tom)(ta di	| ki ṭa tom): ‖

Tiśra Naḍai Kōrvai (06-052V)

1	2	3	4	5	6	7
‖ tām • tām	‖ • ki ṭa	| ta ka di	‖ na • tōm	| • ta tōm	‖ • ta •	| tām • • ‖
‖ ta ka tām	‖ • ki ṭa	| ta ka di	‖ na • tōm	| • ta tōm	‖ • ta •	| tām • • ‖
‖ tr gḍ tām	‖ • ki ṭa	| ta ka di	‖ na • tōm	| • ta tōm	‖ • ta •	| tām • • ‖
mōrā 1 ‖(ta • dīn	‖ • gi ṇa	| tom)(ta •	‖dīn • gi	| ṇa tom)(ta	‖ • dīn •	| gi ṇa tom) ‖

1 2 3 4 5 6 7
|| tām • tām | • ki ṭa | ta ka di || na • tōm | • ta tōm || • ta • | tām • • ||

1 2 3 4 5 6 7
|| ta ka tām | • ki ṭa | ta ka di || na • tōm | • ta tōm || • ta • | tām • • ||

1 2 3 4 5 6 7
|| tr gḍ tām | • ki ṭa | ta ka di || na • tōm | • ta tōm || • ta • | tām • • ||

1 **mōrā** 2 2 3 4 5 6 7
||(ta dīn gi || ṇa tom)(ta | • dīn • ||gi ṇa tom)(ta • dīn ||• gi • | ṇa • tom)||

1 2 3 4 5 6 7
|| tām • tām | • ki ṭa | ta ka di || na • tōm | • ta tōm || • ta • | tām • • ||

1 2 3 4 5 6 7
|| ta ka tām | • ki ṭa | ta ka di || na • tōm | • ta tōm || • ta • | tām • • ||

1 2 3 4 5 6 7
|| tr gḍ tām | • ki ṭa | ta ka di || na • tōm | • ta tōm || • ta • | tām • • ||

1 **mōrā** 3 2 3 4 5 6 7
||(ta • dīn || • gi • | ṇa • tom)||(ta • dīn | • gi ṇa || tom)(ta dīn | gi ṇa tom)||

Tiśra Koraippu (06-053-71V)

1 I:1	**2**	3	**4**	5	**6**	7
‖tām •	‖• •	|• •	‖• •	|ta din	‖• gi	|ṇa tom ‖
1	**2**	3	**4**	5	**6**	7
‖ta din	‖• gi	|ṇa tom	‖ta din	|• gi	‖ṇa tom	|ta din ‖
1	**2**	3	**4**	5	**6**	7
‖• gi	‖ṇa tom	|ta din	‖• gi	|ṇa tom	‖ta din	|• gi ‖
1	**2**	3	**4**	5	**6**	7
‖ṇa tom	‖ta din	|• gi	‖ṇa tom	|ta din	‖• gi	|ṇa tom ‖
1 I:2	**2**	3	**4**	5**a**	**6**	7
‖tām •	‖• •	|• •	‖• •	|tām •	‖• ta	|ki ṭa ‖
1a	**2**	3	**4a**	5	**6**	7**b**$_6$
‖tām •	‖• ta	|ki ṭa	‖tām •	|• ta	‖ki ṭa	|ta din ‖
1	**2**	3**a**	**4**	5	**6 b**$_6$	7
‖• gi	‖ṇa tom	|tām •	‖• ta	|ki ṭa	‖(ta din	|• gi ‖

1	**2** b_6	3	**4**	5 b_6	**6**	7
ṇa tom)	(ta din	• gi	ṇa tom)	(ta din	• gi	ṇa tom)
1 I:3	**2**	3	**4**	5**a**	**6**	7
tām •	• •	• •	• •	tām •	• ta	ki ṭa
1a	**2**	3	**4a**	5	**6**	7b_6
tām •	• ta	ki ṭa	tām •	• ta	ki ṭa	ta din
1	**2**	3**a**	**4**	5	**6 b**5	7
• gi	ṇa tom	tām •	• ta	ki ṭa	(ta din	gi ṇa
1 b_6	**2**	3	**4** **b**7	5	**6**	7
tom) (ta	din •	gi ṇa	tom) (ta	• din	• gi	ṇa tom)
1 I:4	**2**	3	**4**	5**a**	**6**	7
tām •	• •	• •	• •	tām •	• ta	ki ṭa
1a	**2**	3	**4a**	5	**6**	7b_6
tām •	• ta	ki ṭa	tām •	• ta	ki ṭa	ta din
1	**2**	3**a**	**4**	5	**6 b**7	7
• gi	ṇa tom	tām •	• ta	ki ṭa	(ta •	din •

```
1            2           b_6 3           4            5            b5 6            7
|| gi    ṇa  ||  tom ) (ta |  din    •  || gi    ṇa  |  tom )  (ta || din   gi   |  ṇa   tom  ) ||

1 I:5        2            3             4            5a           6             7         1
|| tām    •  || •     •   |  •     •   || •    •    | tām    •   || •     ta   | ki     ṭa   ||

1a           2            3             4a           5            6             7b_6
|| tām    •  ||  •    ta  | ki     ṭa  || tām    •  |  •    ta   || ki    ṭa   | ta    din   ||

1            2            3a            4            5            6 b_6         7
|| •    gi   || ṇa   tom  |tām     •   ||•     ta   | ki    ṭa    ||(ta   din   |  •    gi    ||

1            2 <t>b_6     3             4            5 b_6        6 b_6         7
||ṇa   tom ) ||(ta din •  |gi ṇa tom )  ||(ta din •  | gi ṇa tom )||(ta din •   | gi ṇa tom ) ||

1 I:6        2            3             4            5a           6             7
|| tām    •  || •     •   |  •     •   || •    •    | tām    •   || •     ta   | ki     ṭa   ||

1a           2            3             4a           5            6             7b_6
|| tām    •  ||  •    ta  | ki     ṭa  || tām    •  |  •    ta   || ki    ṭa   | ta    din   ||

1            2            3a            4            5            6 b_6         7
|| •    gi   || ṇa   tom  |tām     •   ||•     ta   | ki    ṭa    ||(ta   din   |  •    gi    ||

1            2 <t>b_5     3          b_6 4           5          b_7 6           7
|| ṇa  tom ) ||(ta din gi |ṇa tom ) (ta|| din • gi  | ṇa tom )(ta|| •  din  •  | gi ṇa tom ) ||
```

1 I:7	**2**	3	**4**	5 **a**	**6**	7
‖ tām •	‖ • •	| • •	‖ • •	| tām •	‖ • ta	| ki ṭa ‖
1a	**2**	3	**4a**	5	**6**	7**b_6**
‖ tām •	‖ • ta	| ki ṭa	‖ tām •	| • ta	‖ ki ṭa	| ta din ‖
1	**2**	3**a**	**4**	5	**6 b_6**	7
‖ • gi	‖ ṇa tom	| tām •	‖ • ta	| ki ṭa	‖ ta din	| • gi ‖
1	**2 <t>b_7**	3	**4** **b_6**	5	**6** **b_5**	7
‖ ṇa tom	‖ (ta • din	| • gi ṇa	‖ tom)(ta din	| • gi ṇa	‖ tom)(ta din	| gi ṇa tom) ‖
1 II:1	**2**	3	**4**	5	**6**	7
‖ tām •	‖ • •	| ta din	‖ • gi	| ṇa tom	‖ ta din	| • gi ‖
1	**2**	3	**4**	5	**6**	7
‖ ṇa tom	‖ ta din	| • gi	‖ ṇa tom	| ta din	‖ • gi	| ṇa tom ‖
1 II:2	**2**	3**a**	**4**	5	**6 b_6**	7
‖ tām •	‖ • •	| tām •	‖ • ta	| ki ṭa	‖ (ta din	| • gi ‖
1	**2 b_6**	3	**4**	5 **b_6**	**6**	7
‖ ṇa tom)	‖ (ta din	| • gi	‖ ṇa tom)	| (ta din	‖ • gi	| ṇa tom)‖
1 II:3	**2**	3**a**	**4**	5	**6 b_5**	7
‖ tām •	‖ • •	| tām •	‖ • ta	| ki ṭa	‖ (ta din	| gi ṇa ‖

1 b_6 **2** 3 **4** b_7 5 **6** 7
|| tom) (ta || din • | gi ṇa || tom) (ta | • din || • gi | ṇa tom) ||

1 II:4 **2** 3**a** **4** 5 **6** b_7 7
|| tām • || • • | tām • || • ta | ki ṭa ||(ta • | din • ||

1 **2** $b_6$3 **4** 5 b_5 **6** 7
|| gi ṇa || tom) (ta | din • || gi ṇa | tom) (ta || din gi | ṇa tom)||

1 II:5 **2** 3**a** **4** 5 **6** b_6 7
|| tām • || • • | tām • || • ta | ki ṭa ||(ta din | • gi ||

1 **2** <t>b_6 3 **4** b_6 5 **6** b_6 7
|| ṇa tom)||(ta din • | gi ṇa tom)|| (ta din • | gi ṇa tom)||(ta din • | gi ṇa tom) ||

1 II:6 **2** 3 **a** **4** 5 **6** b_6 7
|| tām • || • • | tām • || • ta | ki ṭa ||ta din | • gi ||

1 **2** <t>b_5 3 b_6 **4** 5 b_7 **6** 7
|| ṇa tom ||(ta din gi | ṇa tom) (ta|| din • gi | ṇa tom)(ta|| • din • | gi ṇa tom) ||

1 II:7 **2** 3 **a** **4** 5 **6** b_6 7
|| tām • || • • | tām • || • ta | ki ṭa || ta din | • gi ||

1 **2** <t>b_7 3 **4** b_6 5 **6** b_5 7
|| ṇa tom ||(ta • din | • gi ṇa ||tom)(ta din| • gi ṇa ||tom)(ta din| gi ṇa tom) ||

1 III:1 | **2** | 3 | **4** | 5 **b_6** | **6** | 7
|| tām • || ta din | • gi || ṇa tom | ta din || • gi | ṇa tom ||

1 III:2 | **2 <t> b_6** | 3 | **4 b_6** | 5 | **6 b_6** | 7
|| tām • || (ta din • | gi ṇa tom) || (ta din • | gi ṇa tom) || (ta din • | gi ṇa tom) ||

1 III:3 | **2<t>b_5** | 3 | **b_6 4** | 5 | **b_7 6** | 7
|| tām • || (ta din gi | ṇa tom) (ta || din • gi | ṇa tom)(ta || • din • | gi ṇa tom) ||

1 III:4 | **2 <t>b_7** | 3 | **4 b_6** | 5 | **6 b_5** | 7
|| tām • || (ta • din | • gi ṇa || tom)(ta din | • gi ṇa || tom)(ta din | gi ṇa tom) ||

1 IV ad lib | **2** | 3 | **4** | 5 | **6** | 7
||: • ta || din • | gi ṇa || tom • | ta din || • gi | ṇa tom :||

Ending Section

Unison Reduction (06-072V)

1 | **2** | 3 | **4** | 5 | **6** | 7
|| **ta** din || • gi | ṇa tom || **ta** din | • gi || ṇa tom | **ta** din ||

1 | **2** | 3 | **4** | 5 | **6** | 7
|| • gi || ṇa tom | **ta** din || • gi | ṇa tom || **ta** din | gi ṇa ||

1	2	3	4	5	6	7
‖ tom **ta**	‖ din gi	ṇa tom	‖ **ta** din	gi ṇa	‖ tom **ta**	din gi ‖
‖ ṇa tom	‖ **din** gi	ṇa tom	‖ **din** gi	ṇa tom	‖ **din** gi	ṇa tom ‖
‖ **din** gi	‖ ṇa tom	**gi** ṇa	‖ tom **gi**	ṇa tom	‖ **gi** ṇa	tom **gi** ‖
‖ ṇa tom	‖ **ṇa** tom	**ṇa** tom	‖ **ṇa** tom	**ṇa** tom	‖ **tom** **tom**	**tom** **tom** ‖
‖ **tom** (ta)	‖ [tām •	• •	‖ •] (ta)	[tām •	‖ • •	•] (ta) ‖

Periya Mōrā (06-077V)

1	2	3	4	5	6	7
‖:tan gḍ	‖ dk tk	tr gḍ	‖ di •	tan gḍ	‖ dk tk	tr gḍ ‖
‖ tan gḍ	‖ dk tk	tr gḍ	‖ tl ng	tom ta	‖ tl ng	tom • :‖
‖ tan gḍ	‖ dk tk	tr gḍ	‖ di •	tan gḍ	‖ dk tk	tr gḍ ‖

1		2		3		4		5		6		7	
tan	gḍ	dk	tk	tr	gḍ	tl	ng	tom	•	tan	gḍ	dk	tk
tr	gḍ	tl	ng	tom	•	tan	gḍ	dk	tk	tr	gḍ	(tl	ng
tom	ta)	[tom	•]	(tl	ng	tom	ta)	[tom	•]	(tl	ng	tom	ta)

Ending Kōrvai (06-079V)

1		2		3		4		5		6		7	
3x ‖: ta	ka	di	na	tān	•	gu	ta	ka	di	na	tān	•	gu
ta	ka	di	na	tān	•	gu	(ta	•	•	•	di	•	•
•	ki	•	•	•	ṭa	•	•	•	tōm	•	•	•	)(ta
•	di	•	ki	•	ṭa	•	tōm	•	)(ta	di	ki	ṭa	tom) :‖

Miśra Jāti Jhampa Tāḷa

Opening Section: Setup and Mōrā (07-085V)

1a 2 3b 4 5c 6 7d_6
||: ta • din • | din • na • | ta ka din • | din • na • | • • din • | din • na • | kṭ tk din • |

8 **e** **9** 10
|| din • ta • || tr gg tr gḍ | dk tk tr gḍ :||

1a 2 3 d_6 4 e 5 6 7 d_6
||: ta • din • | din • na • | kṭ tk din • | din • ta • | tr gg tr gḍ | dk tk tr gḍ | kṭ tk din • |

8 **e** **9** 10
|| din • ta • || tr gg tr gḍ | dk tk tr gḍ :||

1 a_6 2 e 3 4 5 b_4 6 mōrā 7
|| ta • din • | din • ta • | tr gg tr gḍ | dk tk tr gḍ | ta ka din • | (ta • tr gg | tr gḍ dk tk |

8 **9** 10
|| tr gḍ tr gḍ || ta ka • di | na •) [tām • ||

1	2	3	4	5	6	7
•](ta • tr	gg tr gḍ dk	tk tr gḍ tr	gḍ ta ka •	di na •)[tām	• •](ta •	tr gg tr gḍ

8	9	10
dk tk tr gḍ	tr gḍ ta ka	• di na •

1	2	3 arudi	4	5	6	7
tām • • •	• • • •	(ta ka din ta)	[tām • • ta]	(ta ka din ta)	[tām ta ki ṭa]	(ta ka din ta)

8	9	10
tām • • •	• • • •	• • • •

Palani Composition for Khaṇḍa, T. Ranganathan Version (07-088V)

1<c> a	2	3	4	5	6b	7
: tām • ki ṭa	ta ka din •	• din • •	din • • na	• • ki ṭa	tom ta ka tom	ta ka din •

8	9	10
• tām • •	tām • • di	• • • •

1c	2	3	4	5	6d	7
• • ki ṭa	ta ka din •	• din • •	din • • na	• • ki ṭa	tom ta ka tom	ta ka din •

8	9	10
• ta ka •	jo ṇu • tām	• • • • :

1 mōrā	2	3	4	5	6	7
(tām • • •	ta ka di na	tom ta ka tom	ta ka di na	tōm • ta •	ta ka jo ṇu)	[tām • • •]

8	**9**	10
(tām • • •	ta ka di na	tom ta ka tom

1	2	3	4	5	6	7
ta ka di na	tōm • ta •	ta ka jo ṇu)	[tām • • •]	(tām • • •	ta ka di na	tom ta ka tom

8	**9**	10
ta ka di na	tōm • ta •	ta ka jo ṇu)

1<t>a	2	3	4 b	5	6	7 c
tm • k ṭ t k	din• • din • •	din• • na • •	k ṭ to t k to	t k dn • • tm	• • tm • • di	• • • • • •

8	**9**	10
k ṭ t k din•	• din• • din•	• na • • k ṭ

1	2	3	4 a	5	6	7 b
to t k to t k	dn • • t k •	j ṇ • tm • •	• • tm • k ṭ	t k din• • din	• • din• • na	• • k ṭ to t

8	**9**	10
k to t k dn •	• tm • • tm •	• di • • • •

1c	2	3	4 d	5	6	7 mōrā
• • k ṭ t k	din• • din • •	din• • na • •	k ṭ to t k to	t k dn • • t	k • j ṇ • tm	• • • • (tm•

```
8              9              10
||• •  t k  d n ||to  t k to  t k|d n to•  ta  • ||

1              2              3              4              5              6              7
||t k j ṇ) [tm•| •  •](tm • • •|t k  d n  to  t |k to  t k d n  |to  •  ta  • t k|j ṇ) [tm  • •  •](tm • • • t k   |

8              9              10
||d n to t  k to||t k d n   to  •| ta  • t k j ṇ)||

1 <c fast>a    2              3       b      4              5              6c             7
||:tmkṭ tk dn •|• dn• •dn•  •na|•• k ṭ  t t k t |t k dn•  •t • •|t • •  d • • • •|•• kṭ  tk  dn • |•dn••dn•  •na   |

8       d      9              10
||•• k ṭ t t k t||t k dn•  •t k •|j ṇ • tm • • • •:||

1 mōrā         2              3              4              5              6              7
||(tm••• t k dn| t t k ṭ t k d n|to  ta  t k j ṇ)|[tm•••](tm•••| tk dn  t t k ṭ |t k d n  to  ta |t k j ṇ)[tm•••] |

8              9              10
||(tm•  •• tk dn||t t k ṭ t k d n|to  ta  t k j ṇ)||
```

Kōrvai in Three Naḍais

Sarvalaghu and Composition (07-092V)

1a 2 3b 4 5b 6 7c
‖ :din • ta na | ta ta jo ṇu | jo ṇu ta na | ta ta jo ṇu | jo ṇu ta na | ta ta jo ṇu | din • ta ta |

8 $\mathbf{d_4}$ **9** 10
‖ jo ṇu ta • ‖ ki ṭa ta tom | tr gḍ tom ta ‖

1a 2 3b 4 5b 6 7b
‖ din • ta na | ta ta jo ṇu | jo ṇu ta na | ta ta jo ṇu | jo ṇu ta na | ta ta jo ṇu | jo ṇu ta na |

8 **9** $\mathbf{d_5}$**<k>** 10
‖ ta ta jo ṇu ‖ ta • ki ṭa ta | tm tr gḍ tm ta ‖

1a 2 3b 4 5b 6 7b
‖ din • ta na | ta ta jo ṇu | jo ṇu ta na | ta ta jo ṇu | jo ṇu ta na | ta ta jo ṇu | jo ṇu ta na |

8 **9** $\mathbf{d_6}$**<t>** 10
‖ ta ta jo ṇu ‖ • • ta • ki ṭa | t tm tr gḍ tm t :‖

1 c 2 $\mathbf{d_4}$ 3 4 5e 6 7 $\mathbf{d_5}$**<k>**
‖ din • ta ta | jo ṇu ta • | ki ṭa ta tom | tr gḍ tom ta | tōm • • • | • • • • | ta • ki ṭa ta |

8 **9** e 10
|| tm tr gḍ tm ta || tōm • • • | • • • • ||

1 **d_6<t>** 2 3 **f** 4 **kōrvai <c>** 5 6 7
|| • • ta • ki ṭa | t tm tr gḍ tm t | tōm • • • | ta • ki ṭa | ta tom tr gḍ | tom ta tom • | ta ta ki ṭa |

8 **9** 10
|| ta tom tr gḍ || tom ta tom • | ta • ki ṭa ||

1 2 3 4 5 6 7
|| ta tom tr gḍ | ta ta ki ṭa | ta tom tr gḍ | tōm • • (ta | di ki ṭa tōm) | [•] (ta di ki | ṭa tōm) [•] (ta |

8 **9 <k>** 10
|| di ki ṭa tōm) || ta • ki ṭa ta | tm tr gḍ tm ta ||

1 2 3 4 5 6 7
|| tōm • ta ta ki | ṭa ta tm tr gḍ | tm ta tōm • ta | • ki ṭa ta tm | tr gḍ ta ta ki | ṭa ta tm tr gḍ | tōm • • (t d |

8 **9** 10
|| k ṭ tm) [•] (t || d k ṭ tōm) [•] | (t d k ṭ tōm) ||

1 <t> 2 3 4 5 6 7
|| ta • k ṭ t tm | tr gḍ tm ta tm • | t t k ṭ t tm | tr gḍ tm ta tm • | ta • k ṭ t tm | tr gḍ t t k ṭ | t tm tr gḍ tm • |

```
8                 9                 10
||•(td k ṭ tm ) ||[•](t d k ṭ tm)|[•](t d k ṭ tm)||
```

Tiśra Naḍai Setup and Kōrvai (07-095V)

```
1 <t>a            2                 3 b               4                 5 c               6                 7 b
||:ta  •   din |   •   na   •   |  ta  ta  din |   •   na   •   |   •   •   din |   •   na   •   |  ta  ta  din  |

8                 9d                10
||  •   na   •  ||t  t  k  ṭ  t k|dn • dn • ta • :||

1 a               2                 3 b               4                 5 d               6                 7 b
||:ta  •   din |   •   na   •   |  ta  ta  din |   •   na   •   |t  t  k  ṭ  t  k|dn • dn • ta • |  ta  ta  din  |

8                 9 d               10
||  •   na   •  ||t  t  k  ṭ  t k|dn • dn • ta • :||

1 a               2                 3 d               4                 5b                6                 7 d
||ta  •   din  |   •   na   •   |t  t  k  ṭ  t  k| dn • dn • ta •|  ta  ta  din|   •   na   •   | t t  k ṭ  t  k  |

8                 9 c               10
||dn • dn • ta •||  •   •   din |   •   na   •   ||

1 kōrvai          2                 3                 4                 5                 6                 7
||t  t  k  ṭ t k| dn • dn • ta • |tm  • • k  ṭ  t |k  dn • dn • ta| •  tm • • t  k | dn • dn • ta • |tm • • dn • dn  |
```

8 9 10
|| • ta • tm • • || dn • ta • tm • | • ta • tm • • ||

1 2 3 4 5 6 7
|| tm • • (t d k | ṭ tm) [•] (t d k | ṭ tm) [•] (t d k | ṭ tm) t t k ṭ | t k dn • dn • | ta • tm • • k | ṭ t k dn • dn |

8 9 10
|| • ta • tm • • || t k dn • dn • | ta • tm • • dn ||

1 2 3 4 5 6 7
|| • dn • ta • tm | • • dn • ta • | tm • • ta • tm | • • tm • • (t | d k ṭ tm) [•] (t | d k ṭ tm) [•] (t | d k ṭ tm) t t |

8 9 10
|| k ṭ t k dn • || dn • ta • tm • | • k ṭ t k dn ||

1 2 3 4 5 6 7
|| • dn • ta • tm | • • t k dn • | dn • ta • tm • | • dn • dn • ta | • tm • • dn • | ta • tm • • ta | • tm • • tm • |

8 9 10
|| • (t d k ṭ tm) | [•] (t d k ṭ tm) | [•] (t d k ṭ tm) ||

Sankīrṇa Koraippu (07-096-112V)

1 I:1 2 3 4 5 6 7
|| tām • • • | • • • • | ta dīn • gi | ṇa tom ta tōm | • • • • | • ta dīn • | gi ṇa tom ta |

```
8              9             10
||dīn  •  gi ṇa||tom ta tōm •|  •  •  •  •||

1              2             3             4             5             6             7
||ta tōm •  •|  •  •  •  ta |dīn • gi  ṇa|tom ta dīn • |gi ṇa tom ta |dīn • gi  ṇa| tom (ta)[tm•  |

8              9             10
||•  •  •  •]||(ta)[tōm  • •|  •  •  •](ta)||

1 I:2          2             3             4             5             6             7
||tām •  •  •  |•  •  •  •  |ta din gi ṇa| tom ta • tōm |•  •  •  •  |• ta din  gi| ṇa tom ta din|

8              9             10
||gi ṇa tom ta||•  tōm •  •  |•  •  •  ta ||

1              2             3             4             5             6             7
|| • tōm •  •  |•  •  •  ta |din gi ṇa tom| ta din gi ṇa| tom ta din gi| ṇa tm (ta• )|[tm • • •  |

8              9             10
||•  • ] (ta• )||[tōm  • • • | •  •](ta • ) ||

1 I:3          2             3             4             5             6             7
||tām •  •  •  |•  •  •  •  |din gi ṇa tom| ta •  • tōm |•  •  •  •  |• din gi  ṇa| tom din gi ṇa |

8              9             10
||tom ta •  •  ||tōm •  •  • | •  •  ta  •||
```

```
1                2                3                4                5                6                7
||• tōm •   •   |•   •   •   din |gi  ṇa tom din |gi ṇa  tom din |gi  ṇa  tm (ta |  •  •) [tm  • |  •  •  •  • ]|

8                9                10
||(ta•  • )[tōm||  •   •   •   • | •](ta  •  • )||

1 I:4            2                3                4                5                6                7
|| tām •  •  •  |  •   •   •   • | gi  ṇa tom ta |•  •  •   tōm |•   •   •   •  |•  gi  ṇa tom | gi  ṇa tom  ta|

8                9                10
|| •  •  •   tōm|•   •   •   •  | •   ta   •   • ||

1                2                3                4                5                6                7
||•   tōm •   • |  •   •   •   gi| ṇa tom gi  ṇa |tom gi  ṇa  tm | (ta •  •  •) | [tm  •   •  • |•   • ] (ta  •  |

8                9                10
|| • •)[tōm   •||  •   •   •   •]| (ta •   •  • )||

1 I:5            2                3                4                5                6                7
|| tām •  •  •  |  •   •   •   • | ṇa  tom  ta • |•  •  •   tōm |•   •   •   •  |• ṇa  tom  ṇa |tom  ta   •  • |

8                9                10
||•  •  tōm   • ||•   •   •    • | ta   •   •  • ||

1                2                3                4                5                6                7
||•   tōm •   • |  •   •   •   ṇa|tom ṇa tom ṇa |tm  (ta •  • |• •  ) [tm  •|  •  •  •   • ]|(ta•  •   •    |
```

8	9	10
•)[tōm • •	• • •] (ta	• • • •)

1 I:6	2	3	4	5	6	7
tām • • •	• • • •	tom ta • •	• • • tōm	• • • •	• tom tom ta	• • • •

8	9	10
• tōm • •	• • • ta	• • • •

1	2	3	4	5	6	7
• tōm • •	• • • tom	tom tm (ta •	• • • •)	[tm • • •	• •] (ta •	• • • •)

8	9	10
[tōm • • •	• •] (ta •	• • • •)

1 II:1	2	3	4	5	6	7
tām • • •	ta dīn • •	gi ṇa tom ta	dīn • • gi	ṇa tom ta dīn	• • gi ṇa	tm (ta)[tm •

8	9	10
• • • •]	(ta)[tōm • •	• • •](ta)

1 II:2	2	3	4	5	6	7
tām • • •	ta dīn • gi	ṇa tom ta dīn	• gi ṇa tom	ta dīn • gi	ṇa tm (ta •)	[tm • • •

8	9	10
• •](ta •)	[tōm • • •	• •](ta •)

```
1 II:3              2                3                  4                5                    6                7
||tām • • •  |ta din gi ṇa |tom ta din gi |ṇa tom ta din| gi ṇa tm (ta |• • ) [tm •|  • • • • ]|

8                 9              10
||(ta • • ) [tōm|| • • •   • |  • ] (ta • • )||

1 II:4              2                3                  4                5                    6                7
||tām • • •  |din gi ṇa tm |din gi ṇa tm |din gi ṇa tm| (ta • • • )| [tm • • •| • • ] (ta •  |

8                 9              10
||• • ) [tōm •|| • • •   • ]|(ta • • •  )||

1 II:5              2                3                  4                5                    6                7
||tām • • •  | gi ṇa tm gi|ṇa tm  gi ṇa|tm (ta  • •|• • ) [tm •| • • • • ]|(ta • • •  |

8                 9              10
||• ) [tōm  • •||•  •  • ] (ta|  • • • •)||

1 II:6              2                3                  4                5                    6                7
|| tām • • • | ṇa tm ṇa tm|ṇa tm (ta •|• • • • )| [tm • • •| • • ] (ta •| • • • • )|

8                 9              10
||[tōm • • •|| •  • ] (ta •|  • • • • )||

1 II:7              2                3                  4                5                    6                7
|| tām • • • | tm tm tm (ta| • • • • | • • ) [tm •| • • • • ]|(ta • • •| • • •) [tōm  |
```

```
8            9           10
||•  •  •  • ||•](ta  •  •| •  •  •  •)||

1 III:1      2           3           4           5            6           7
||tām • ta dīn| • • gi ṇa |tm (ta)[tōm •| • •](ta)[tōm |• • •  ](ta) |tām • ta dīn | •  •  gi  ṇa |

8            9           10
||tm(ta)[tōm•||• •](ta) [tōm| •  •  •  ](ta)||

1 III:2      2           3           4           5            6           7
|| tām• dīn gi| ṇa  tm (ta•)|[tōm • • • ] | (ta• )[tōm •| • • ](ta • )|tām • dīn gi| ṇa  tm (ta •)|

8            9           10
||[tōm •  •  •]||(ta• )[tōm •| • • ] (ta• ) ||

1 III:3      2           3           4           5            6           7
||tām• tom(ta | • •  )[tōm •| •  •  ](ta •|• )[tōm • • |• ] (ta • • )|tām • tom (ta|  • • )[tōm • |

8            9           10
|| •   • ](ta •||• )[tōm • • |•  ] (ta • • )||

1 IV ad lib  2           3           4           5            6           7
||:• ta • dīn| •  ta din gi| ṇa tom • ta| • dīn •  ta |din gi ṇa tom| •  ta • dīn| • ta  din  gi|

8            9           10
|| ṇa tom •  ta|| • dīn •  ta |dingi ṇa tom:||
```

Ending Section:

Unison Reduction (07-113V)

1	2	3	4	5	6	7
ta • dīn •	ta din gi ṇa	tom ta • dīn	• ta din gi	ṇa tom ta •	dīn • ta din	gi ṇa tom ta

8	9	10
• dīn • ta	din gi ṇa tom	ta dīn • gi

1	2	3	4	5	6	7
• ṇa • tom	ta dīn • gi	• ṇa • tom	ta dīn • gi	• ṇa • tom	ta dīn • gi	• ṇa • tom

8	9	10
ta dīn • gi	ṇa • tom ta	dīn • gi ṇa

1	2	3	4	5	6	7
• tom ta dīn	• gi ṇa •	tom ta dīn •	gi ṇa • tom	ta dīn • gi	ṇa tom ta dīn	• gi ṇa tom

8	9	10
ta dīn • gi	ṇa tom ta dīn	• gi ṇa tom

1	2	3	4	5	6	7
ta din gi ṇa	tom ta din gi	ṇa tom ta din	gi ṇa tom ta	din gi ṇa tm	din gi ṇa tom	din gi ṇa tom

```
8              9              10
||dingi ṇatom||din gi ṇa tom|gi ṇa tom gi||

1              2              3              4              5              6              7
||ṇa tom giṇa| tomgiṇa tom|ṇa tomṇa tom|ṇa tomṇa tom | tomtomtomtom|tom(ta)[tām •| • • • • |

8              9              10
||• •](ta)[tām|| • • • • | • • • ](ta)||
```

Periya Mōrā (07-114V)

```
1 a            2   b          3              4 c            5 d            6 a'           7    b'
||:nngḍ tr gḍ|tom ta • tōm| • tr kṭ tk |ta tom kṭ tk| dk tk tr gḍ |tom nangḍ tr| gḍ tm ta tōm |

8              9 e    f       10 e  g
||• tr kṭ tk ||tl ng tm ta|tl ng tōm •:||

1 a            2   b          3              4 c            5 d            6 a'           7    b'
||nngḍ tr gḍ |tom ta • tōm| • tr kṭ tk |ta tom kṭ tk| dk tk tr gḍ |tom nangḍ tr| gḍ tm ta tōm |

8              9 e    g       10 a'
||• tr kṭ tk ||tl ng tōm • |tm nan gḍ tr||

1        b'    2              3 e   g        4 a'           5        b'    6              7 e   f
||gḍ tm tatōm| • tr kṭ tk |tl ng tōm •|tom nan gḍ tr| gḍ tm tatōm| • tr kṭ tk | (tl ng tm ta)|
```

```
8 g      e    9 f     g     10 e     f
||[tōm•](tl ng||tm  ta)[tōm•]|(tl  ng  tm ta)||
```

Ending Kōrvai (07-115V)

```
1 3x            2               3               4               5               6                 7
||:ta  •  •  •  |•  din   •  •  |•  din   •  •  |din  •  ta  tām|  •   •   •   •|  •   •   •   • |•   ta   •  •   |

8               9               10
||•   •  ta   • ||•   •   •  din|•   •   •  din||

1               2               3               4               5               6                 7
||•  •   din  • |ta  tām   •   •|•   •   •   •  |•   •   •   ta |  •   •   •   • |di   •   •   •  |•  ta   •   •   |

8               9               10
|| •   •  din  •||•   •   din  •| •  din  •  ta||

1               2               3               4               5               6                 7
||tām •   •   • |•   •   •   •  |•   •  (ta ki  |ṭa  tōm  •  ta| din gi ṇa tom)|(ta ki  ṭa tōm | •  ta din  gi  |

8               9               10
||ṇa tom)(ta ki||ṭa  tōm  •  ta |din gi ṇa tom):||
```

Khaṇḍa Jāti Tripuṭa Tāḷa

Opening Section: Setup and Composition (08-116V)

```
1 a            2              3              4 b            5
||:tām • • •  | ta • din •   | din •   na • | ta • din •   | din •   na • |

6 c            7              8 d            9
||ta ka din • | din •   na • ||kṭ tk din •   | din •   na • ||

1 a            2              3              4 b            5
|| tām • • •  | ta • din •   | din •   na • | ta • din •   | din •   na • |

6 c            7              8 e            9
||ta ka din • | din •   na • || ta tm kt jṇ | tk di tl ng :||

1 a            2              3              4 b            5
||:tām • • •  | ta • din •   | din •   na • | ta • din •   | din •   na • |

6 c            7              8 e            9
||ta ka din • | din •   na • || ta tm kt jṇ | tk di tl ng :||

1 a            2              3              4 e            5
||tām • • •   | ta • din •   | din • na •   | ta tm kt jṇ  | tk di tl ng  |
```

```
6 b            7              8 e          9
||ta • din  •| din •  na •|| ta tm kt jṇ| tk di tl ng ||

1 a            2              3              4 e          5
||tām • • • |ta • din  • |din  • na • | ta tm kt jṇ |tk di tl ng |

6 c            7              8 e          9
||ta ka din •| din  •  na •|| ta tm kt jṇ| tk di tl ng :||

1              2              3              4              5
||ta tm kṭ jṇ| tk di tl ng |  • tm kṭ jṇ| tk di tl ng | ta tm kṭ jṇ |

6              7              8              9
||tk di tl ng|  • tm kṭ jṇ|| tk di tl ng| tm kṭ jṇ tk||

1              2              3              4              5
|| di tl ng •| kṭ jṇ tk di |tl  ng tm kṭ| jṇ tk di tl | ng • kṭ jṇ |

6              7              8              9
||tk di tl ng|kṭ jṇ  tk di ||tl  ng kṭ jṇ| tk di tl  ng||

1              2              3              4              5
||kṭ jṇ tk di| tl ng kṭ jṇ |tk di tl  ng| jṇ tk di tl | ng jṇ tk di |

6              7              8              9
||tl  ng jṇ tk| di tl ng jṇ || tk di tl ng| tk di tl  ng||
```

```
1                2               3              4              5
||tk di tl ng| tk di tl ng | tk di tl ng|(tk di tl ng |tm ta )[tm  kṭ|

6                7               8              9
||tk](tk di tl| ng tm ta)[tm| kṭ tk](tk di | tl ng tm ta)||

1                2      arudi    3              4              5
||tām  • • • | • •  (ta  ki| ṭa ta ka •)|[tām  • •](ta| ki ṭa ta ka |

6                7               8              9
||ta ka •) [tām| •  •](ta ki  ||ṭa ta ka ta | ka ta ka • )||
```

Palani Composition (08-118V)

```
1 <c>a           2               3              4              5
||:tām •  ki ṭa| ta ka dīn • | • dīn  • • |dīn •  • na| •  •  ki ṭa|

6 b              7               8              9
||tm ta ka tm| ta ka dīn • ||tām • tām • |dī  •  •  • ||

1 c              2               3              4              5
||•  • ki ṭa |ta ka dīn • |• dīn • • |dīn •  • na| •  •  ki ṭa|

6 d              7               8              9
||tm ta ka tm| ta ka dīn • ||ta ka jo ṇu |tām •  •  •:||
```

```
1                2                3                4                5
||(tām  •  •  •| ta  ka  di  na | tm  ta  ka  tm| ta  ka  di  na| ta  ka  •   jo |

6                7                8                9
||ṇu  •)[tām  •|  •](tām  •  •||•  ta  ka  di |na   tm  ta  ka||

1                2                3                4                5
||tm  ta  ka  di| na  ta  ka  •  |jo  ṇu  •)[tām|•   •](tām  • |•   •   ta  ka  |

6                7                8                9
||di  na  tm  ta| ka  tm   ta  ka|| di  na  ta  ka|  •   jo  ṇu  •)||

1 <t> a          2                3                4   b            5
||:tm• k ṭ t k  |dn  • • dn  • • |dn  • • na  •  •|k ṭ tm  t k  tm| t k dn • tm •  |

6                7 c              8                9
||tm  • di • • •| • •  k  ṭ  t  k|| dn  • • dn  • •|dn  • • na  • •||

1     d          2                3                4 a              5
||k ṭ tm  t k tm| t k dn  •  t k |j  ṇ  tm  • • • |  tm • k ṭ t k  | dn  • • dn  • •|

6                7   b            8                9
||dn • • na  • •|k ṭ tm  t k tm  || t k dn • tm •  |tm  • di  • • •||

1 c              2                3                4   d            5
||• •  k  ṭ  t k| dn  • • dn  • •|dn  • • na  • • |k ṭ tm  t k tm |t k dn  •  t k  |
```

```
6                   7                8                9
||j ṇ  tm • • •|(tm •  •  • t k|| d n tm  t k tm| t  k  d  n  t k||

1                   2                3                4                5
||• j ṇ •)[tm •|•](tm •  •  • t| k d n tm  t k |tm t  k  d  n  t| k • j ṇ •)[tm |

6                   7                8                9
||• •](tm • • •|t  k d n  tm  t ||k  tm t  k  d  n|t  k •  j  ṇ •)||

1 <c> a             2                3        b       4                5     c
||:tm kṭ tk dn•|• dn• • dn••na |•• kṭ  tt  kṭ |tk  dn  tm  tm |di  •  •   kṭ  |

6                   7                8 d              9
||tk  dn • • dn•|• dn•• na •• k||ṭ  tt  kṭ  tk  dn  tk jṇ  tm  • :||

1                   2                3                4                5
||(tm •  tk  dn|tt  kṭ   tk  dn |tk • jṇ •)[tm •|  •](tm  • tk d|n  tt  kṭ  tk  d|

6                   7                8                9
||n tk•jṇ•)[tm|• •](tm  • tk  || dn  tt  kṭ  tk|  dn  tk • jṇ •)||
```

Catusra Mōrās in Shifting Naḍais (08-126-128V)

```
1 a <c>     2           3     b     4           5
||:din • ta na| ta ta jo ṇu |ta na jo ṇu |ta na  ta ta |jo ṇu ta na |

6 b <k>     7           8 b <k>     9
||jo ṇu ta na ta| ta jo ṇu ta na || jo ṇu ta na ta| ta jo ṇu ta na ||

1 a <c>     2           3     b     4           5
||din•  ta na | ta ta jo ṇu |ta na jo ṇu |ta na  ta ta |jo ṇu ta na |

6 b <k>     7           8 c         9
||jo ṇu ta na ta| ta jo ṇu ta na ||tan ta ku tām• | tām• tām• ta :||

1 a <c>     2           3     b     4           5
||:din • ta na| ta ta jo ṇu |ta na jo ṇu |ta na  ta ta |jo ṇu ta na |

6 b <k>     7           8 c         9
||jo ṇu ta na ta| ta jo ṇu ta na ||tan ta ku tām• | tām• tām• ta :||

1 c <c>     2           3     c     4           5
||tan ta ku tām | •  tām  •  tām| • ta  tan ta | ku  tām • tām | •  tām  •  ta |

6 d <k>     7           8           9  e
||tn ta ku tām• |tām • ta  tn ta|ku  tām•tām • |ta  tn ta ku tām||
```

```
1 <c>            2             3 mōra 1      4             5
||• ta tan ta|ku tām • ta |(tn ta ku tām| • tām • ta)|[tām • • •]|

6 <k>            7             8             9
||(tn ta ku tm •|tm • ta)[tām •|| • •](tn ta ku |tm •  tm • ta)||

1 c <c>          2             3      c      4             5
||tan ta ku tām | • tām • tām| • ta tan ta |ku tām • tām | • tām • ta |

6 d <k>          7             8             9  e
||tn ta ku tām•|tām • ta tn ta|ku tām •tām • | ta tn ta ku tām||

1 <c>            2             3 mōra 2      4             5
||• ta tan ta|ku tām • ta |(tn ta ku tām| • tām • ta)|[tām • • •]|

6 <k>            7             8             9
||(tn ta ku tm •|(tm• ta)[tām•||•](tm• ta)[tm| • •](tm • ta)||

1 c <c>          2             3      c      4             5
||tan ta ku tām | • tām • tām| • ta tan ta |ku tām • tām | • tām • ta |

6 d <k>          7             8             9  e
||tn ta ku tām•|tām • ta tn ta|ku tām•tām • | ta tn ta ku tām||

1 <c>            2             3 mōra 3      4             5
||• ta tan ta|ku tām • ta |(tn ta ku tām| • tām • ta)|[tām • • •]|
```

```
6 <k>          7               8               9
||(tn ta ku(tm•|tm • ta)[•](tm| • tm • ta )[•]|(tm • tm • ta )||

1 <k>          2               3               4 arudi         5
||• • • • •    |• • • • •      |• • • • •      | (ta ki ṭa ta ka|•)[tām • •](ta|

6              7               8               9
||ki ṭa ta ka ta|ka •) [tām • •]||(ta ki ṭa ta ka |ta ka ta ka •)||
```

Catusra Koraippu (08-130-143V)

```
1 I:1          2               3 <c>           4               5
||tām • • •    |• • • •        |tām • • di     |ta ka jo ṇu    |tām • • di |

6              7               8               9
||ta ka jo ṇu  |tām • • di     ||ta ka jo ṇu   |tām • • di ||

1              2 <t>           3               4               5
||ta ka jo ṇu  |tm • • di ta ka|jo ṇu tm • • di|ta ka jo ṇu tm •|• di ta ka jo ṇu|

6              7               8           m1  9
||tm• • di ta ka|jo ṇu ta • ki •||ṭa•ta kiṭa(t)|[t•](t)[t•](t)||

1 I:2          2               3 <c>           4               5
||tām • • •    |• • • •        |tām • • di     |ta ka jo ṇu    |tām • • di |
```

```
6             7          8            9
||ta ka jo ṇu|tām • • di ||ta ka jo ṇu |tām • • di ||

1             2 <t>      3            4              5
||ta ka jo ṇu|tm • • di ta ka |jo ṇu tm • • di |ta ka jo ṇu tm • |• di ta ka jo ṇu|

6             7          8      m2    9
||tm• • di ta ka|jo ṇu ta • ka •||ta ka(dt)[tm•](dt)[tm•](dt)||

1 I:3         2          3 <c>        4              5
||tām • • • |• • • • |tām • • di |ta ka jo ṇu |tām • • di |

6             7          8            9
||ta ka jo ṇu|tām • • di ||ta ka jo ṇu |tām • • di ||

1             2 <t>      3            4              5
||ta ka jo ṇu|tm • • di ta ka |jo ṇu tm • • di |ta ka jo ṇu tm • |• di ta ka jo ṇu|

6             7        m3 8           9
||tm• • di ta ka|jo ṇu ta • ka(k|| dt)[tm•] (kd| t)[tm•](kdt) ||

1 I:4         2          3 <c>        4              5
||tām • • • |• • • • |tām • • di |ta ka jo ṇu |tām • • di |

6             7          8            9
||ta ka jo ṇu|tām • • di ||ta ka jo ṇu |tām • • di ||
```

```
1             2 <t>         3             4             5
||ta ka jo ṇu|tm • • di ta ka |jo ṇu tm • • di|ta ka jo ṇu tm •|• di ta ka jo ṇu|

6             7      m4     8             9
||tm• • di ta ka| jo ṇu (tkdt)||[tm•] (tkdt)| [tm•](tkdt) ||

1 I:5         2             3 <c>         4             5
||tām • • • | • • • • |tām • • di |ta ka jo ṇu |tām • • di |

6             7             8             9
||ta ka jo ṇu|tām • • di ||ta ka jo ṇu |tām • • di ||

1             2 <t>         3             4             5
||ta ka jo ṇu|tm • • di ta ka |jo ṇu tm • • di|ta ka jo ṇu tm •|• di ta ka jo ṇu|

6             7      m5     8             9
||tm• • di ta ka| jo ṇu (tkdt)||[tm•](kdt)[tm|•](dt)[tm•](t)|

1 I:6         2             3 <c>         4             5
|| tām • • •| • • • • | tām • • di| ta ka jo ṇu| tām • • di |

6             7             8             9
||ta ka jo ṇu|tām • • di ||ta ka jo ṇu |tām • • di ||

1             2 <t>         3             4             5
||ta ka jo ṇu|tm • • di ta ka |jo ṇu tm • • di|ta ka jo ṇu tm •|• di ta ka jo ṇu|
```

```
6                 7      m6     8              9
||tm• • di ta ka|jṇ (t)[tm•] (d|t)[tm•](kdt) | [tm•](tk dt) ||

1 II:1            2 <c>         3              4              5
|ṭām  •  •  •  |ṭām  •  •  di  |ṭa ka jo ṇu  |ṭām  •  •  di  |ṭa ka jo ṇu  |

6 <t>             7             8        m1  9
t|m • • di ta ka|jo ṇu  ta • ki •|ṭa•t k ṭ(t)   [|t•](t)[t•](t)||

1 II:2            2 <c>         3              4              5
||tām  •  •  •  |tām  •  •  di  |ta ka jo ṇu  |tām  •  •  di  |ta ka jo ṇu  |

6 <t>             7             8     m2     9
||tm• • di ta ka|jo ṇu  ta • ka •||ta ka(dt)[tm•|](dt)[tm•](dt)||

1 II:3            2 <c>         3              4              5
||tām  •  •  •  |tām  •  •  di  |ta ka jo ṇu  |tām  •  •  di  |ta ka jo ṇu  |

6 <t>             7         m3 8              9
||tm• • di ta ka|jo ṇu ta • ka(k||dt)[tm•] (kd | t)[tm•](kdt) ||

1 II:4            2 <c>         3              4              5
||tām  •  •  •  |tām  •  •  di  |ta ka jo ṇu  |tām  •  •  di  |ta ka jo ṇu  |

6 <t>             7      m4     8              9
||tm• • di ta ka| jo ṇu  (tkdt)||[tm•]  (tkdt)| [tm•](tkdt)  ||
```

1 II:5 2 **<c>** 3 4 5

|| tām • • • | tām • • di | ta ka jo ṇu | tām • • di | ta ka jo ṇu |

6 <t> 7 **m**5 **8** 9

|| tm• • di ta ka | jo ṇu (tk dt) || [tm•](kdt)[tm•](dt)[tm•](t) |

1 II:6 2 **<c>** 3 4 5

|| tām • • • | tām • • di | ta ka jo ṇu | tām • • di | ta ka jo ṇu |

6 <t> 7 **m6** **8** 9

|| tm• • di ta ka | j ṇ (t)[tm•](d | t)[tm•](kdt) | [tm•](tk dt) ||

1 III <c> v.3 2 3 **<t>** 4 5 <c>

|| :tām • tām• | • di ta ka | jo ṇu tm • • | d t k j ṇ t | k j ṇ tām • |

6 7 **8 <t>** 9

|| tām• • di | ta ka jo ṇu || tm • •d t k | j ṇ t k j ṇ :||

1 IV 2 3 4 5

|| :• ta din • | gi • ṇa • | tom • ta din | • gi • ṇa | • tom • ta |

6 7 **8** 9

|| din • gi • | ṇa • tom • || ta din • gi | • ṇa • tom:||

Ending Section

Unison Reduction and Kōrvai (08-144-5V)

```
1                2               3               4                5
||ta din • gi| • ṇa  •  tom |ta din • gi | • ṇa  •  tom |ta din • gi  |

6                7               8               9
||• ṇa • tom |ta din • gi ||•  ṇa  • tom| ta din • gi ||

1                2               3               4                5
||ṇa • tom ta| din • gi ṇa |• tom ta din |•  gi  ṇa  •| tom ta din •|

6                7               8               9
||gi ṇa • tom| ta din  • gi || ṇa tom ta din| • gi ṇa tom ||

1                2               3               4                5
||ta din • gi | ṇa tom ta din |• gi  ṇa tom |ta din gi ṇa |tom ta din gi|

6                7               8               9
||ṇa tom ta din| gi ṇa tomta ||din gi ṇa tom| din gi ṇa tom ||
```

```
1               2               3               4               5
‖din gi ṇa tom| din gi  ṇa tom |din gi ṇa tom | gi ṇa  tom gi |ṇa   tom gi  ṇa|

6               7               8               9
‖tom gi  ṇa tom| ṇa  tom ṇa tom‖ ṇa  tom na tm |tm  tm  tm  tm ‖

1 kōrvai        2               3               4               5
‖ta  ka  di  ku| ta  din gi  ṇa |tom ta  ki  ṭa |ta  din gi  ṇa |tom ta  ka  ta |

6               7               8               9
‖din gi ṇa tom |ta  ta  din gi ‖ṇa tom ta  din | gi ṇa tom din ‖

1               2               3               4               5
‖gi  ṇa tom gi | ṇa tom ṇa tom |tom(ta  •  din |•  gi   •   ṇa | •   tom)(ta  •|

6               7               8               9
‖din  •  gi   •| ṇa  • tom)(ta ‖ •  din  •  gi |  •  ṇa  •  tom)‖
```

Periya Mōrā (08-146V)

```
1 a             2               3        b      4               5       a
‖:tr  gḍ  di  •|tan gḍ  dk  tk |tr  gḍ  ta  di |tan gḍ  dk  tk | tr  gḍ  tr  gḍ |
```

```
6                  7                   8 c    d       9 c    e
||di • tan gḍ | dk tk tr gḍ || tl ng tm ta | tl ng tōm •: ||

1 a                2                   3   b          4                  5     a
||tr gḍ di •  | tan gḍ dk tk | tr gḍ ta di | tan gḍ dk tk | tr gḍ tr gḍ |

6                  7                   8 c    e       9 a
||di • tan gḍ | dk tk tr gḍ || tl ng tōm • | tr gḍ di • ||

1                  2          c        3 e    a       4                  5
||tangḍ dk tk | tr gḍ tl ng | tōm • tr gḍ | di • tan gḍ | dk tk tr gḍ |

6 c   d            7 e                 8                  9
||(tlngtm ta) | [tōm • ](tl ng | tmta)[tōm • ] | (tl ng tm ta) ||
```

Ending Kōrvai (08-147-8V)

```
1 ek:1             2                   3                  4                  5
||ta di • ta | tōm • • ta | di ki ṭa tom | ta • • di | • • ki • |

6                  7                   8                  9
||• ṭa • •  | tōm • • di || • ta tōm • | • ta di ki ||

1                  2                   3                  4                  5
||ṭa tom ta • | • di • • | ki • • ṭa | • • tōm • | • ta tōm • |
```

6 7 8 9
|| • (ta di ki | ṭa tom)(ta di || ki ṭa tom)(ta | di ki ṭa tom) ||

1 ek:2 2 3 4 5
|| ta di • ta | tōm • • ta | di ki ṭa tom | ta • • ka | • • di • |

6 7 8 9
|| • mi • • | di • ta tōm || • • ta di | ki ṭa tom ta ||

1 2 3 4 5
|| • • ka • | • di • • | mi • • ta | tōm • • (ta | di ki ṭa tom) |

6 7 8 9
|| [tām • •] (ta | di ki ṭa tom) || [tām • •](ta | di ki ṭa tom) ||

1 ek:3 2 3 4 5
|| ta di • ta | tōm • • ta | di ki ṭa tom | ta • • ki | • • ṭa • |

6 7 8 9
|| • di • ta | tōm • • ta || di ki ṭa tom | ta • • ki ||

1 2 3 4 5
|| • • ṭa • | • ta tōm • | • (ta di ki | ṭa tom)[tām • | tām • tām •] |

6 7 8 9
|| (ta di ki ṭa | tom)[tām• tām || • tām •](ta | di ki ṭa tom) ||

1 ek:3 **var** 2 3 4 5
|| ta di • ta | tōm • • ta | di ki ṭa tom | ta • • ki | • • ṭa • |

6 7 **8** 9
|| • di • ta | tōm • • ta || di ki ṭa tom | ta • • ki ||

1 2 3 4 **<t>** 5
|| • • ṭa • | • ta tōm • | • (ta di ki | ṭa tom) [tm • tm | • tm •] (t d k |

6 7 8 9
|| ṭ to) [tm • tm • | tm •] (t d k ṭ || to) [tm • tm • tm | •] (t d k ṭ tom) ||

BIBLIOGRAPHY

Brown, Robert E. 1965. "The Mṛdaṅga: A Study of Drumming in South India." 2 vols. PhD dissertation, University of California, Los Angeles.

Dineen, Douglass Fugan. 2015. "Speaking Time, Being Time: Solkaṭṭu in South Indian Performing Arts." PhD dissertation, Wesleyan University, Middletown, Connecticut.

Duke, Robert A. 2005 *Intelligent Music Teaching: Essays on the Core Principles of Effective Instruction*. Austin, TX: Learning and Behavior Resources.

Frishman, Marcie L. 1985. "Patterning and Cadential Formulation in the South Indian Drum Solo." MA thesis, Wesleyan University, Middletown, Connecticut.

Nelson, David P. 1991. "Mṛdaṅgam Mind: The Tani Āvartanam in Karṇāṭak Music." 3 vols. PhD dissertation, Wesleyan University, Middletown, Connecticut.

———. 2008. *Solkaṭṭu Manual: An Introduction to the Rhythmic Language of South Indian Music*. Middletown, CT: Wesleyan University Press.

Rowell, Lewis. 1992. *Music and Musical Thought in Early India*. Chicago: University of Chicago Press.

Sankaran, Trichy. 1989. *The Rhythmic Principles and Practice of South Indian Drumming*. Toronto: Lalith Publishers.

ABOUT THE AUTHOR

David Nelson began his mṛdaṅgam studies with C. S. Sankarasivam in Madurai, South India, in 1970. He learned briefly with Ramnad V. Raghavan, and for fourteen years with T. Ranganathan—first at CalArts (MFA 1975), then at Wesleyan University (Ph.D. 1991). He also studied kanjira with G. Harishankar, and jazz drumset with Ed Blackwell, Ed Soph, and Kenwood Dennard. He is Adjunct Assistant Professor in Music at Wesleyan University, where he has taught South Indian drumming since 2000. He has accompanied leading Indian artists in the USA, Europe, India and China. His publications include extensive writings on South Indian drumming: in the article "Karnatak Tala" published in *The Garland Encyclopedia of World Music*, Vol. 5, *South Asia: The Indian Subcontinent*; in his two books, *Solkattu Manual: An Introduction to the Rhythmic Language of South Indian Music* and *Konnakkol Manual: An Advanced Course in Solkattu*, and his dissertation "Mṛdaṅgam Mind: The Tani Avartanam in Karnatak Music." His article "Three Generations, Three Directions," appears in vol. 42 of *The Journal of the Indian Musicological Society* (2018–2019). In 2013 he was honored with the title Kala Seva Mani by the Cleveland Tyagaraja Festival, and in 2016 received the Padmashree Palghat Raghu Memorial Award for excellence in mṛdaṅgam from the Neelakanta Sivan Cultural Academy in Chennai.